AF400221

Yves Hajos

LE DOUBLE JEU

Le mépris

À ceux qui ont rencontré
des politiciens exemplaires
À ceux qui se s'ont adressés
à des avocats exemplaires
À ceux qui espéraient
une justice exemplaire
À ceux qui ont la naïveté de croire
que tout le monde il est beau,
tout le monde il est gentil

Mes remerciements les plus sincères à Ollivier Cartoonist, apprécié aussi bien à Nice qu'en Chine pour ses dessins humoristiques.

Ils expriment bien la vitalité de Nice et des environs.

Le croquis de la page de la couverture de mon livre en est la preuve. Si le grand spectacle se déroule sur les marches du Tapis rouge du Palais du Festival., il n'est pas que sur la scène. Que se passe-t-il dans les coulisses de la mairie de Cannes, à l'abri des caméras et des micros ?

Ollivier ! Prends bien soin de ta santé.

Ma gratitude envers Denise, mon admirable épouse, pour son soutien indéfectible.

Mon livre s'adresse en priorité aux 36000 maires, aux services juridique et de l'urbanisme, aux architectes, aux promoteurs, aux agents immobiliers, aux avocats, aux juges et aux psychologues.

Les étudiants, principalement ceux qui se destinent dans le juridique, l'architecture, l'urbanisme ou la psycho, sont conviés à découvrir la pratique de leur métier.

Ainsi qu'à 600 mille curieux.

Les quelques anachronismes sont volontaires.
Qui connaît Paul Newman de nos jours ?
Brad Pitt, en revanche, un tas de personnes.
Stéphane Bern, également.
Quant à la vamp, Corinne Masiero.

Du même auteur

Existences bouleversées BoD Janvier 2020

Une vie à Nice BoD Mai 2019

Chroniques d'une décomposition française BoD
Février 2018

Prologue

Nous apprenons la vente d'un terrain à Cannes, proche de la mer, des commerces, des écoles.

Cette parcelle non bâtie, une véritable aubaine, se situe dans la rue Roquebilière. Une rue paisible qui nous est familière. Nous venons de commercialiser avec succès un programme de dix logements. Les majors de la Promotion se désintéressent du projet sans prétention. Les autres, de moindre importance, manifestent, en revanche, leur vif intérêt.

Avec peu d'espoir de décrocher l'affaire, j'esquive partiellement l'objet principal avec le propriétaire du terrain. Je lui dis ma joie d'être père pour la première fois. Comblé, il me suggère de rencontrer son notaire à son domicile.

Les présentations faites, la discussion déjà bien entamée, il me demande, à brûle-pourpoint, de voir une photo de notre bébé. Le veuf, émerveillé en la dévisageant, nous avoue son plus grand regret. L'absence d'un enfant.

Un vide affectif, partagé par sa femme adorée, qui fut un manque permanent.

Il espérait tant transmettre sa bijouterie prospère à sa descendance. Ayant peu de contacts avec sa famille lointaine, il nous cède volontiers son lopin de terre. Malgré la remarque de son notaire. Il a en mains quelques offres supérieures à la nôtre.

- Denigre ! Ah le coquin ! Avant-hier, il m'en offrait la moitié. Ma friche ne vaut rien. Maintenant, il se réveille. Il surenchérit.

- Critique ! Encore hier, le grippe-sou justifiait la somme maigrelette. Aujourd'hui, il abonde.

- Le Requin ? Oui, son offre est bien la meilleure.

Il respire bien fort avant de poursuivre.

- Maître ! Vous connaissez l'histoire du collabo. Le résistant de pacotille de la dernière heure. Il a été mauvais du vivant de ma femme. Je ne l'aime pas.

Malgré l'appel téléphonique insistant du notaire de Requin, il veut négocier directement avec Bijou, bonjour la confiance entre les notaires, papy, béat d'admiration devant la photo de notre poupine, demeure inflexible.

- Mon terrain est pour Elsa !

Surpris et en même temps très heureux d'acquérir le terrain, nous sabrons notre première réalisation.

Vive la Résidence Elsa

1

Les démarches administratives bien accomplies, Bernard Brochand, le député-maire, nous délivre le permis de construire en octobre 2006.

Brochand, le mordu du ballon rond, est le fameux vendeur de nombreux slogans publicitaires illustres. Aujourd'hui, il est à l'abri du besoin.

Parmi les trouvailles, l'inoubliable affiche MIR.

Mini Prix, mais il fait le Maximum

En quelques mots, l'imaginatif créait une réclame aguichante. Il a la réputation d'un homme d'affaires entreprenant, au langage direct, côtoyant les élites de la politique, du journalisme, des affaires, du show-business et le dentiste Pierre Huth de la FFF.

L'heure de la retraite venue, l'homme d'actions se sent trop vert. Il ne tient pas à regarder béatement avec son épouse les émissions de Michel Drucker. Ou de participer, l'après-midi, au thé dansant.

Il s'estime apte à diriger et à donner un souffle nouveau au personnel de la mairie. Avec le même entrain qu'il prodiguait à ses collaborateurs d'une agence de pubs d'un important groupe américain.

Dans l'attente du constat d'affichage du permis de construire par l'huissier, je détaille à deux couples intéressés par notre réalisation, les caractéristiques et les avantages de notre programme.

Enthousiastes, en apprenant la surface des logements et les nombreuses prestations, un couple de retraités alertes réserve le spacieux deux pièces. L'ingénieur de Thalès opte pour le trois pièces aux dimensions généreuses.

Ils l'avaient bien deviné. Le dernier terrain libre, de forme oblongue, localisé en plein centre-ville, ne restera pas éternellement un jardin potager.

Le lendemain, jour de marché à la Bocca, je reçois un appel de Bernard Moulin. Il souhaiterait acquérir une villa sur le toit. En effet, sa vaste demeure, trop éloignée des commerces, devient difficile à entretenir pour une personne seule et âgée.

En voyant les plans à notre agence à Nice, il confirme son intérêt. Ravi, il nous invite au Mandarin de la rue Dalpozzo, un excellent et sympathique restaurant Vietnamien qui lui rappelle ses missions en Indochine.

En fin de journée, la voix d'un Anglais loufoque, John, the bloody bullshitter/le sacré exubérant, parachève mon bonheur. John est trader à Londres. Il est conscient ! Vendre ou acheter du vent n'est pas aussi concret que posséder de la pierre.

Les prix communiqués, compétitifs par rapport à ceux affichés par la concurrence proche, il hurle :

- *I want to book at once°* un trois pièces, qu'importe l'étage, avec la plus grande cave. Je veux stocker le rosé de la région et le champagne. C'est un *fucking spot°*, si près de la plage. Grâce à la livre forte, c'est plus abordable qu'un studio à Londres.

Avec simplement l'affichage du permis de construire dûment vérifié, nous concrétisons en un temps record, la vente de cinq appartements, dont quatre à des actifs locaux.

Ces ventes valident l'emplacement exceptionnel.

Soudain ! Dans un silence de marbre, l'euphorie retombe comme un soufflé.

***

Un jour avant la fin du délai légal, Monsieur René Dalmasso, le représentant des voisins vigilants, dépose à la mairie de Cannes un recours gracieux.

Il exige l'abolition de notre permis de construire. Sinon, il attaque la mairie de Cannes au Tribunal Administratif (TA) de Nice. Il s'oppose à notre construction pour l'avenir des habitants de Cannes.

° Je veux réserver immédiatement / Un endroit génial

La commune conteste, à juste raison, chaque point saugrenu soulevé par Maître Assadourian, l'avocate des grincheux. Dieu sait ô combien de remarques peu crédibles pullulent. Est-elle grassement rétribuée au nombre de pages remplies ? Elle signale même l'absence de demande d'un permis de démolir pour un simple abri de jardin, sans eau ni électricité, construit illégalement et n'ayant aucune existence administrative.

Nous sommes surpris par son imagination fleurie et étonnés de ses immenses lacunes en maths. N'importe quel bon élève en CM2 se tordrait de rire. *Maman ! Plus tard je serai avocat !* Nous lui signalons ses erreurs de calcul et de topographie afin de mieux démontrer les incohérences de son analyse.

Même l'article partial paru dans le Nice-Matin, en faveur de la partie adverse, ne parvient pas à fléchir le service juridique de la mairie.

L'oubli de son nom contrarie plus notre avocat que les écrits faux et vindicatifs de sa consœur.

- Avec des arguments aussi peu crédibles, elle ne se fait pas une bonne pub, Maître !

- Détrompez-vous ! Elle agit bien. Nous devons faire preuve de célérité et d'audace. Défendre nos clients ! C'est notre devise.

L'avocate, jamais en panne d'idées, déroule dans le Nice-Matin une nouvelle objection carabinée. Elle nous fracassera au TA. Cette fois-ci, elle cible, sans se démonter, l'incompétence de l'Architecte des Bâtiments de France (l'ABF).

De quoi susciter une nouvelle forme de jalousie chez notre défendeur.

- Décidément, ma consœur reçoit gracieusement une belle publicité ! dit-il rageusement.

***

Deux ans plus tard, nous découvrons, intrigués, le fonctionnement étrange du Tribunal Administratif. Un TA logé dans un beau bâtiment du 20ème siècle surplombant la mer, La Villa la Côte.

Dans une petite salle comble à l'ambiance moite et électrique, les gens, assistés pour la plupart par leurs conseils - Ils semblent bien s'entendre -, sont pressés d'en découdre.

Notre avocat ne s'est pas déplacé. Seuls les mémoires comptent au TA ! nous dit-il avec fierté.

- Monsieur Hajos ! Un écrit ne peut jamais être contredit. Pour cette raison, je prends un soin tout particulier à la rédaction de mes correspondances. Chaque mot est mûrement réfléchi. L'expérience permet d'éviter les bévues. De très graves bévues.

Nous apprenons, sidérés par les commentaires, les rouages du Tribunal ainsi que le jeu surprenant de certains avocats. Ils défendent avec une ardeur extrême des causes indéfendables. Ils privilégient l'intérêt très particulier par rapport à l'intérêt général. Leur mauvaise foi est patente. D'autres robes noires donnent l'impression de serrer la corde au cou de leur client innocent plutôt que de la défaire.

Dans quel traquenard je me suis fourré !

Pouvais-je imaginer rencontrer un tel concentré de méchanceté, de cupidité, de jalousie ou du plaisir de l'acte gratuit avec le précieux concours des abonnés des codes de la loi.

À notre tour, nous écoutons, angoissés, le commissaire au gouvernement. Il constate une absence de demande de permis de démolir. Ceci justifie l'annulation de notre permis. Même s'il précise :

Les autres griefs sont vigoureusement rejetés.

Nous sommes ébranlés, nous pensions gagner.

Étant passés les derniers, le Président du TA, Philippe Orengo, aussi surpris que nous par son analyse, tient à nous rassurer, en présence de Monsieur Céchetti, le juriste de la mairie de Cannes.

- Vous évitez l'Appel. Il suffit de régulariser l'absence du permis de démolir. Le permis, irréprochable et déjà instruit, vous sera remis rapidement.

Effondrés, nous comprenons sa position. Il suit l'avis du juriste, chatouilleux sur la règle de droit.

En décembre 2008, le permis est annulé à cause de l'erreur de Droit de la mairie de Cannes.

Deux ans de perdu.

Restons positifs. Ne perdons pas notre temps à attaquer la ville de Cannes en dommages-intérêts. Le Président du TA a bien précisé.

« Les plaignants n'ont plus aucune raison valable de se plaindre. »

<h1 style="text-align:center">2</h1>

Suite à l'appel de la secrétaire de Gilles Cima, nous rencontrons le maire Adjoint de l'Urbanisme à la mairie de Cannes le 17 mars 2009. L'homme au teint hâlé à l'allure nordique, a l'expérience de la mairie. Il seconda Michel Mouillot en qualité de maire Adjoint au Tourisme pendant deux mandats.

Au premier abord, il donne l'impression d'un être chaleureux. Avec son entregent, sa tendresse élégante, on comprend la préférence des administrées pour ses yeux bleus. La vue de la gravure de mode leurs rend une seconde jeunesse bien plus efficace que toutes les crèmes régénératrices.

***

Découvrons brièvement les mœurs politiques en vigueur à Cannes entre 1989 et 2008.

En 1989, Michel Mouillot, le vendeur de Ricard, capable de faire avaler n'importe quelle baliverne à une majorité de Cannoises admiratives ou en mal d'amour, devient le maire de la ville des Festivals.

La réélection du bateleur play-boy en juin 1995 est un triomphe. Gilles Cima, le cirage Baranne fixé à son visage en permanence, récupère le poste envié d'Adjoint au Tourisme. Les joues en feu, ravies de retrouver les deux beaux gosses, exultent.

En juillet 1996, Michel Mouillot délaisse le bleu céleste de la Croisette. Les portes du pénitencier, une fois l'assoiffé d'argent accueilli, bientôt vont se refermer. La rocambolesque affaire de racket contre le prestigieux Carlton lui fut fatale.

Ah ! Cette large propension à jouir du luxe. La police opiniâtre l'épingle au Ritz de Londres. Elle met fin à la carrière de celui qui *conduisait une 2CV avant de rouler en Porsche,* d'après Brochand.

En 2001, sa descente aux enfers permet à d'autres ambitieux de prétendre à la mairie de Cannes.

Cima et Brochand, les deux favoris, affutent leurs armes avec un soin extrême.

Cima, « l'enfant de Cannes », traite Brochand de « parachuté parisien. » Il ne lui fait aucun cadeau.

Brochand, le vendeur de MIR, sort le BAYGON. Cima est un « **produit du système Mouillot.** »

Un notable Cannois, un soutien de Brochand, diffuse TIMOR. « Gilles Cima peut se tromper en 1989. Mais pas en 1995. »

Cima qui n'a rien à se reprocher, confesse.

« À plusieurs reprises, j'ai eu l'intention de démissionner. Peut-être aurais-je dû le faire après l'incarcération de Mouillot, mais je serais retombé dans l'anonymat », avoue-t-il avec candeur.

Brochand élu, adieu le sourire enjôleur de Cima.

En mai 2008, les élections communales sont un fratricide règlement de comptes à *OK Cannes !*

Le soutien inespéré de Cima, ***le produit du système Mouillot,*** à Brochand, au second tour, permet au dernier sa réélection. En récompense, Gilles Cima devient le maire Adjoint à l'Urbanisme.

***

Ce mardi 17 mars 2009, nous méconnaissons les méandres et les mises en scènes feutrées de la classe politicienne Cannoise. Nous ignorons les prouesses financières de Michel Mouillot. Elles ont permis à Brochand et à Cima d'afficher leurs prétentions. Nous ne subodorons pas un coup tordu.

Nous ne nous adressons qu'au maire Adjoint à l'Urbanisme. Il désire converser avec nous.

Monsieur Cima nous avoue subir une pression constante de la part de gens farouchement opposés à notre construction. Ils sont désespérés.

Il n'existe plus aucun motif juridique valable pour s'opposer à l'édification de notre bâtiment. Aussi, Dalmasso et une poignée d'électeurs lui ont émis l'idée de préempter le terrain ou, de nous autoriser à n'élever que deux étages. Pour nous enquiquiner.

Nous lui confirmons déposer prochainement un permis de construire sur un terrain constructible.

Face à notre détermination, l'élu se rattrape. Il les a avertis sur les limites de sa fonction. Il n'a aucun pouvoir légal de préemption hors délai ou de ne pas donner le permis de construire, si les règles du Plan Local d'Urbanisme (PLU) sont respectées.

Bizarre ! Peu de jours auparavant, lors du bornage contradictoire en présence du géomètre, Dalmasso ne nous en avait pas glissé un mot.

Monsieur Dalmasso a utilisé toutes les cartouches nuisibles, y compris la non-intégration du projet dans le site. Il ne pensait pas obtenir gain de cause avec l'absence d'un dépôt de permis de démolir. Avant, pour une cabane de moins de vingt mètres carrés, n'ayant aucune existence administrative en plus, un permis de démolir n'était jamais nécessaire.

Notre cas a fait jurisprudence.

Je m'en serai bien passé !

Son but, gagner du temps pour nous dégoûter à poursuivre a bien fonctionné. Grâce au concours de son avocate, rétribuée à farcir un maximum de pages avec un maximum d'inepties, et à une Justice ô combien débordée de plaintes inutiles.

Monsieur Cima est conscient de la faute majeure commise par la Mairie. Il nous certifie : « Aucune *action légale n'existe pour refuser votre permis.* »

Il nous garantit, croix de bois croix de fer, que nous l'obtiendrons dans les délais les plus brefs.

Vu la complexité juridique, il nous suggère une réunion avec notre Architecte et la Directrice de l'Urbanisme. Afin d'être certain de nous délivrer un permis inattaquable, en stricte conformité avec le Plan Local d'Urbanisme (PLU).

Nous retournons à Nice, satisfaits.

Nous n'avons aucun préjugé défavorable envers l'affable disciple du Nouveau Centre.

Les valeurs du Nouveau Centre ?

Une société qui ne connaît pas les sous-citoyens.

Une société qui ne méprise pas les Français.

Un parti qui prône l'équité.

Un parti qui ne veut pas étouffer la jeunesse et ne rejette pas les seniors.

Dans l'euphorie, j'oublie la citation de Pasqua.

« Les promesses des hommes politiques n'engagent que ceux qui les reçoivent. »

3

Après les présentations d'usage, Monsieur Génie, notre architecte, montre les plans de notre projet à Monsieur Gilles Cima et à Madame Agostini, la Directrice de l'Urbanisme.

Avant de les examiner, elle confirme. La hauteur constructible sur votre bout de terrain a même été renforcée avec le PLU, entré en vigueur en 2005.

- Le Commissaire Enquêteur, désigné par le TA, n'avait émis aucune réserve sur la rue Roquebilière ! Renchéris-je.

- C'est exact ! dit-elle spontanément.

À cet instant, Cima, le visage buriné orienté vers la fenêtre, certainement pour mieux capter le soleil, donne l'impression de négliger l'analyse des dessins, des photos et des plans.

La Directrice mesure le bâtiment de long en large, de bas en haut. Elle compte le nombre de parkings, 12 pour 8 logements. Elle nous félicite pour un vrai un emplacement pour les deux roues. Tatillonne, elle vérifie la hauteur des parkings autorisée au-delà de la bande des seize mètres constructible. Elle constate avec un plaisir évident que toutes les normes des handicapés et de sécurité sont scrupuleusement respectées. Toujours aussi méticuleuse, elle cherche la plus minuscule faille qui susciterait une occasion d'ergoter.

Monsieur Génie rectifie trois points mineurs.

- Cependant ! dit Madame Agostini, avec une voix bienveillante, je ne partage pas entièrement votre réalisation. Deux points sont perfectibles.

Cima se redresse prestement. Il n'hibernait pas. Il confirme l'adage. Un politicien, comme n'importe quel député, ne roupille jamais. Il réfléchit. Il pense. Il spécule pour le bien être. Le nôtre surtout.

La première remarque concerne la façade.

Madame Agostini regrette l'abandon des balcons au design avant-gardiste, présents dans le précédent permis annulé par le TA. « Ces balcons valorisaient la rue et le marché tout proche du projet. Un marché animé pendant toute l'année. Il mérite donc un environnement plus chatoyant.» Dans sa lancée, elle nous invite à penser aux locaux et aux touristes.

- Il faut qu'ils prennent un plaisir d'y flâner.

- Hélas ! Ce design s'adapte mal aux normes des handicapés imposées en 2007.

- J'avais suggéré des bow-windows ! s'exclame l'architecte.

- Une excellente idée ! Répondis-je.

Un avis soutenu par mon associée aussi.

- Je ne l'ai pas retenue à cause de l'avertissement d'un ami anglais, spécialisé dans l'aménagement des villes. Il prévoit un krach immobilier mondial. Je dois donc réduire le prix de revient afin d'afficher une grille de tarifs en adéquation avec le marché futur.

Monsieur Cima est maintenant éveillé et attentif. Il ne veut pas rater le scoop de l'année. Personne n'envisage une chute de la construction à cause d'une croissance artificielle soutenue par une diffusion abondante er irréfléchie du crédit aux USA. Mon ami Martin Nicholls est certain. Elle aura des répercussions néfastes jusqu'en France.

- Cependant, si la réaction des acheteurs potentiels est négative, j'opte pour les bow-windows.

L'emplacement prime dans l'achat d'un logement. Dans une vente sur plan, la maquette de l'immeuble doit stimuler l'envie d'investir.

Les photos du programme permettent aux futurs acquéreurs sensibles à l'aspect extérieur, d'imaginer et d'interpréter leur acquisition.

La deuxième remarque de Madame Agostini concerne les terrasses du premier étage. Elles ne profitent pas de la presque totalité du toit du parking.

- Dommage ! Les occupants du premier étage disposent ainsi de terrasses beaucoup plus vastes.

Notre raisonnement résulte d'une réflexion bien-fondé d'une juriste. La Directrice est surprise.

Notre permis, attaqué en 2007, nous contactâmes notre voisine, Maître Heshmati. La pénaliste nous avoua ne pas être en mesure de se consacrer à notre affaire avec un maximum de réussite.

- Adressez-vous plutôt à un avocat spécialisé. C'est un domaine juridique complexe. Ça nécessite une bonne maîtrise des textes de loi et des cas de jurisprudence.

Aussi, nous avions opté pour un avocat pointu, pondéré et réfléchi dont « *chaque mot est mûrement réfléchi. L'expérience permet d'éviter les bévues.* »

La croisant régulièrement, nous lui montrons en avril 2009, les plans achevés de notre nouveau permis de construire. Admirative, elle émet toutefois une remarque pertinente sur les terrasses du premier étage.

- Vous ne respectez pas la limite de la construction jusqu'à seize mètres. Un constat suffisant pour annuler votre permis.

Nous l'a regardons interloqués, avant qu'elle ne poursuive sa démonstration.

- Au-delà de seize mètres, vous ne pouvez construire jusqu'au bout du terrain que des parkings. Si le toit du parking devient des terrasses, c'est une continuité de l'habitation ! nous martèle-t-elle.

- La mairie l'accepte. Avant de rajouter. Nous venons juste de commercialiser deux immeubles similaires à notre projet.

- Monsieur Hajos ! Avez-vous oublié l'abri de jardin sans aucune existence administrative ? dit-elle malicieusement. Tenez-vous absolument entrer dans le Guiness Book, le livre des records ?

Pour attaquer notre permis de construire, la rusée Maître Assadourian concurrença sérieusement le catalogue de la Redoute ou d'Amazon. Elle déroula dans son recueil une flopée d'erreurs que nous avions commises, l'une plus saugrenue que l'autre. L'absence du permis de démolir excepté. Elle en a tellement exhibées, sauf à prétendre aujourd'hui de ne pas être certaine de la qualité du béton, qu'elle se trouve aujourd'hui dépourvue de munitions.

Pourquoi l'avocate fouineuse des contestataires n'a-t-elle pas souligné dans le précédent permis le toit du parking comme une terrasse ?

Par inadvertance ou par préméditation ?

La cartouche magique !

Ce n'est pas dans mon caractère de mésestimer une personne en général, un adversaire de surcroît.

Malgré les certitudes de Madame Agostini et de notre architecte, la partie adverse peut arguer que le prolongement de l'habitation les force de demander l'annulation de notre permis hors la loi.

Le juge nous expliquera, trois ans plus tard, suite au reproche du pointilleux rapporteur public :

La Ville de Cannes a commis une erreur de Droit.

4

Notre permis de construire, bien verrouillé, est déposé au début du mois de mai Notre moral rejoint celui de la météo :

Aujourd'hui, ciel bleu, pas un seul nuage à l'horizon.

Le 9 mai, jour de mon anniversaire, je reconnais la voix de Monsieur Bastoni, l'instructeur de la ville de Cannes. Avec une parole hésitante et bien embarrassée, il me pose une question ubuesque.

- Monsieur Hajos ! Dois-je poursuivre l'instruction du dossier ?

Sans chercher à comprendre, je lui réplique :

- Naturellement ! Vous avez toutes les pièces. Nous sommes pressés de recevoir notre permis.

- Hélas ! Ce n'est pas aussi simple ! Quoi que vous entrepreniez, vous n'obtiendrez pas votre permis de construire. Jamais ! ajoute-t-il.

Je percute mal. Sa remarque abrupte est incompréhensible. Tout devient trouble.

Ma tête a-t-elle heurté une poutre ?

Yves ! Réagis vite avant de chavirer.

Monsieur Bastoni n'est pas un politicien.

Sa première besogne, avant de poursuivre l'étude d'un dépôt de permis, consiste à savoir si un terrain, le nôtre en question, est constructible ou ne l'est pas. Il l'était déjà pour le permis recalé. Aujourd'hui, Madame Agostini le confirme avec plus de certitude. *La constructibilité sur ce bout de terrain a même été renforcée avec le PLU, entré en vigueur en 2005.*

Notre terrain recherché est constructible. Nous suivons la règlementation dans les moindres détails. Je suis intrigué. Je ne comprends pas.

La seule réponse me venant à l'esprit mentionne notre réunion avec Monsieur Cima, Madame Agostini et notre architecte. Tout était bien clair.

- Je suis au courant. J'instruis votre dossier.

La stupeur disparue, je me ressaisis. Agissons comme le jésuite entrain de découvrir le piège dans lequel nous sommes tombés.

- Je n'y comprends absolument rien ! Aucune loi ne peut gêner notre construction.- À cet instant précis, il ne me vient pas à l'idée qu'un élu puisse être si peu recommandable.- Monsieur Cima nous a promis de remettre le permis à la vitesse de l'éclair.

- Il en existe une.

- Ah bon ! Laquelle ?

- **L'article R111-21.**

Ainsi, la ville de Cannes aurait sorti l'arme fatale.

Beaucoup plus radicale que la *cartouche magique*.

Le couperet R111-21 ! La loi maléfique qui stoppe l'ascension de notre réalisation.

- Vous connaissez l'article ?

- Monsieur Hajos ! Je suis instructeur.

Yves ! Sois plus adroit. Avance à pas feutrés.

- Cette loi ! Est-elle applicable dans notre cas ?

- Il ne me serait **jamais** venu à l'idée. Mais j'ai des supérieurs hiérarchiques.

Yves ! Surtout ne maudis pas ses supérieurs. Qui sont les vicieux ? Tu l'ignores. T'as étudié chez les jésuites, imite-les pour découvrir la taupe.

- De qui vient l'idée ?

- C'est un élu ! Je ne peux rien ajouter.

Yves ! Il ne te donnera pas son nom. Ruse !

- Il l'a soufflé à Monsieur Cima ?

- En quelque sorte.

Ă Cannes, un élu avocat est un sacré enfoiré.

- Il doit être avocat.

- Effectivement ! Jubile Bastoni. Il a baissé la garde involontairement. Mais il se reprend vite.

Monsieur Bastoni élude mes autres questions.

N'insistons plus. Je vois qui c'est. Un en….

Madame Agostini, en congés, je contacte Cima.

La secrétaire est désolée. « Monsieur Cima est débordé de travail. Avec, en plus, les inaugurations de chantiers à honorer, il n'a plus une seule seconde de libre à vous consacrer. »

Monsieur Brochand reste également sourd à notre inquiétude. Le footeux est tellement accaparé par le nouveau propriétaire du Carlton, un proche de l'Émir du Qatar.

L'ami d'enfance qui agit sans réfléchir me force à écrire au maire. L'autre, plus posé, s'y oppose.

« Attends le retour de congés de la Directrice de l'Urbanisme. C'est si grotesque. C'est impossible ! Ils peuvent t'attaquer pour diffamation. Ils prétendront que tu as tout inventé pour les discréditer. »

Il a raison. Cima est l'homme d'honneur *qui prône l'équité*. Il faut être un sacré tordu pour agir ainsi. Nous suivons la recommandation de la prudence.

Médusés, nous lisons l'article R111-21.

« Le projet peut être refusé ou n'être accepté que sous réserve de l'observation de prescriptions spéciales, si les constructions, par leur situation, leur architecture, leurs dimensions ou l'aspect extérieur des bâtiments ou ouvrages à édifier ou à modifier, sont de nature à porter atteinte au caractère ou à l'intérêt des lieux avoisinants, aux sites, aux paysages naturels ou urbains ainsi qu'à la conservation des perspectives monumentales. »

Notre architecte, dubitatif, est perplexe.

Comment la mairie, rompue aux règles du code de l'urbanisme, ose-t-elle nous recaler en extrayant un article non fondé ?

Notre angoisse, notre impuissance, notre frayeur, notre hébétement, notre incompréhension, notre… atteignent un tel paroxysme que nous avons l'impression d'être devenus des zombies.

À partir de ce jour, nous découvrons la véritable signification du mot stress.

En ligne, Madame Agostini joue les étonnées.

- Où avez-vous dégotté l'article R111-21 ?

- Il me le fut révélé par Monsieur Bastoni.

- Quel besoin avait-il de vous le dire ! Peste-t-elle. Enfin ! Tout est arrangé. J'ai eu une longue explication avec Monsieur Cima. Il a compris. Cet article n'est pas du tout approprié dans votre cas. Déposez votre permis en toute sérénité.

L'alerte passée, nous montrons notre projet à des clients de l'Agence. Ils regrettent tous le croquis précédent. Ils sont de l'avis de ma femme, de notre architecte et de celui, mitigé, de l'Architecte des Bâtiments de France (l'ABF)

Pour des raisons commerciales et préventives, Cima est influençable comme toute bonne girouette Centriste, nous déposons un nouveau permis avec des bow-windows pour la façade Nord.

À ce stade, nous avons encore la naïveté de croire que la rouerie de Cima était passagère.

L'établissement du PLU est le résultat de nombreuses concertations établies au préalable entre la mairie et ses habitants. Les élus ont eu toute latitude de développer leurs arguments pour obtenir le plus large consensus. Le PLU, peaufiné et vérifié cinq fois par le commissaire enquêteur dans l'intérêt des citoyens a été approuvé par la majorité des habitants de la ville.

La nouvelle façade soulève l'enthousiasme des acheteurs potentiels. Le personnel de la mairie, au moment de l'enregistrement de la demande de permis de construire, apprécie également.

En juillet 2009, on nous exige de remplir le formulaire de demande d'autorisation d'occupation temporaire du domaine public. Nous somme exaspérés. Aucun questionnaire traitant la saillie de la façade ne nous fut adressé dans le permis précédent. Une requête superflue. Sa réponse doit obligatoirement être positive.

Réflexion faite, le service instructeur respecte le souhait de Monsieur Cima : *un permis inviolable*. L'avocate, à l'affût, choquée par notre manque de courtoisie, exige l'abrogation du permis.

Le commissaire du gouvernement est sourcilleux.

Yves ! À nouveau dans le Guiness book.

***

Aux premiers jours de septembre, je remets le document rédigé par l'architecte à la réception.

Puis, je me rends au bureau de Cima. En frappant à la porte de sa secrétaire, j'aperçois le Scandinave qui a laissé la sienne ouverte entre les deux bureaux contigus, se glisser subrepticement sous sa table de travail. Il gesticule nerveusement pour signifier son absence.

La secrétaire, confuse par son manège débile, visible d'où je me trouve, l'avertira de mon passage.

L'attitude de Cima, le politicien humaniste du Nouveau Centre, est-elle digne ? Agir comme un chenapan affamé qui se planque sous la table pour bâfrer son pot de Nutella n'est pas glorieux.

La politesse respectueuse demeure-t-elle la valeur la plus judicieuse quand on a affaire à un malotru ?

Quelques jours après la visite cocasse manquée, l'instructeur m'avise.

- Votre dossier est complet. Il est conforme aux exigences du PLU. Il a même reçu un avis très favorable de l'ABF ! me confie-t-il.

Rassurés et confiants, nous entrevoyons la remise de notre permis sous peu.

Notre incompétence en matière de nuances politiciennes est encore intacte. Nous ignorons que la remise de notre précieux sésame contrarie fortement un homme bougon. Il maudit son personnel trop zélé et l'Architecte des Bâtiments de France.

Ce dernier complimente trop la façade Nord.

Il est en colère. Deux trublions ont déposé un permis qui respecte toutes les règles de l'urbanisme.

Sans quémander la moindre dérogation.

***

Yes, we Cannes vous surprendre !

Monsieur Cima, nous certifie qu'aucune action légale n'existe pour nous refuser un permis que nous obtiendrons dans les délais les plus brefs.

Monsieur Bastoni est catégorique. Notre permis nous sera remis avant la fin du mois de septembre.

En théorie, la mairie a jusqu'au 3 janvier 2010 pour nous le donner. Au-delà de ce délai, le silence de la mairie signifie l'accord d'un permis tacite.

En octobre, Madame Agostini, certaine, nous rassure. « Vos plans sont irréprochables. La mairie retarde la délivrance de votre permis en raison de dossiers à traiter d'extrême d'urgence. »

Nous ne sommes pas des politiciens. Nous ne supputons pas une entourloupe. Cependant, nous sommes de plus en plus tendus. Le marché s'est s'effondré subitement. Des dizaines de milliers de logements, commercialisés en VEFA, vente en état futur d'achèvement, sont invendus. Les Promoteurs sont acculés. Lorsque la bouée de sauvetage les secourt. La loi Scellier !

Les voisins, faute d'arguments crédibles, ne peuvent plus s'opposer à notre dossier inattaquable.

Aussi, depuis début septembre, nous vendons notre programme avant l'obtention du permis de construire. Une méthode courante pratiquée par la majorité des professionnels de la Promotion.

Nous avons l'assurance du service de l'Urbanisme et la parole du politicien UDI Monsieur Cima.

On ignore encore la véritable signification d'UDI.

Utopie Destinée aux Idéalistes

Notre slogan sur internet est si efficace :

Investissez dans un art de vivre !

Que cinq appartements sur huit se sont arrachés en une fraction de seconde, dont quatre dans le cadre miraculeux de la loi Scellier.

Cette fois-ci, à la différence de l'affichage de notre permis en octobre 2006, nous prenons les contrats de réservation sans exiger, toutefois, un dépôt de garantie. Nous suivons l'avis du notaire.

En novembre, les paroles rassurantes de Madame Agostini nous permettent de garder l'espoir. Même si le bouffeur de pot de Nutella s'évertue à ne pas vouloir nous répondre. Il boude.

En revanche, la dégradation constante du marché nous tracasse singulièrement. Des entreprises dans le bâtiment souffrent de plus en plus.

On constate des premiers suicides.

En décembre, la première tuile nous tombe sur la tête. Madame Agostini, fort dépitée, nous avoue : « Monsieur Hajos ! Votre permis est strictement conforme aux exigences du PLU. Hélas ! Je n'ai aucun pouvoir de décision. Adressez-vous auprès des élus. »

Monsieur Bernard Brochand, Monsieur David Lisnard et, bien entendu, Monsieur Gilles Cima, restent insensibles à notre demande justifiée.

Trois politiciens qui affirment à la télévision, la main sur le cœur, *ne pas étouffer la jeunesse, prôner l'équité et la liberté d'entreprendre, ne pas rejeter les seniors.*

Fin décembre, un appel anonyme, avec une voix nasillarde et déformée, nous alerte.

- Je suis dégoûté par ce que je viens d'apprendre. La mairie recourt à l'article R111-21.

L'avertissement de l'inconnu excepté, personne ne nous a informés officiellement d'un coup de Jarnac.

Sommes-nous si aveugles ou si stupides depuis le *11 septembre* 2009 ? Mon optimisme a disparu.

Je ne crois plus à un miracle, malgré le soutien de quelques rêveurs. Nous sommes abasourdis.

Difficile de souhaiter la bonne année.

Encore plus d'entendre :

Yves ! Santé ! Prospérité !

Tâchons, au moins, de conserver la santé.

5

Janvier 2010. Catastrophe ! La lettre de la mairie de Cannes nous parvient avec quelques jours de retard par rapport à la date légale. Elle sonne le glas de nos ultimes illusions. Elle agit en toute impunité.

- Nous avons violé les dispositions de l'article R111-21 du Code de l'Urbanisme et de l'article UA 11 du PLU de la commune.

- En raison d'une différence de hauteur avec les autres bâtiments composant l'îlot urbain, le projet de la SCI ELSA « va engendrer une disharmonie architecturale portant atteinte au caractère des lieux avoisinants et au paysage urbain. »

- La façade du bâtiment projeté, composé de bow-windows et de pignon aveugle, porte atteinte à l'intérêt des lieux avoisinants et du paysage urbain composé de bâtiments traditionnels. »

Nous ! Des *violeurs*.

Brochand ! Un *sot* ? Il nous remis le permis en 2006. Un autre, dans la même rue, trois ans avant.

Notre armée squelettique fait appel à l'avocat. Le combattant des valeurs défendra notre bon droit contre une coalition de poids, la mairie de Cannes. Bien représentée par le général Brochand, le colonel Cima, le Saint-Just de l'urbanisme, le colonel avocat qui a transmis la corde pour nous *étrangler*, la cohorte de juristes et les directions de l'UMP et de ses alliés UDI. Leur prochain logo ? FRE !

France Républicaine Exemplaire

6 janvier 2010. Notre premier soutien.

La même voix nasillarde et déformée qu'en décembre, nous invite à feuilleter l'article de Fabien Binacchi dans le gratuit METRO.

Monsieur Bernard Brochand n'apprécie pas les gens qui le harcèlent pour dénoncer ses projets à l'ouest de la ville.

« Ceux qui osent poser des recours sont vraiment des criminels par rapport à l'intérêt général. »

CRIMINELS !

« Mini Réflexion – Maximum de Maladresses »

Il fut plus inspiré en vantant les mérites de MIR.

Comment un maire, réputé pour sa carrure intellectuelle, peut-il sortir une telle énormité ?

A-t-il confondu le shampoing DOP avec CIF ?

Le mot CRIMINEL me glace d'effroi.

Je me remémore la démolition de l'abri de jardin.

Puisque les chicaneurs sont allés au TA à cause de l'absence d'un permis de démolir pour un kiosque à outils, sans existence administrative, je régularise le terrain, en novembre 2008, avec deux copains.

Durant la démolition de la cabane, un samedi après-midi, une personne adossée à sa fenêtre, hostile à notre projet, ne cesse de crier, avec de grands gestes saccadés, à l'appui, et deux yeux menaçants, comme un ténor du barreau.

- Je vous somme d'arrêter la destruction du hangar et de quitter le jardin !

Une heure plus tard, deux policiers m'ordonnent de cesser sur le champ l'éradication de la bicoque et de déguerpir. Je leurs signale remettre seulement **ma** parcelle en conformité avec les impôts.

Pour l'administration, c'est un sol non bâti. Surpris et captivés par mon analyse juridique, ils me conseillent de taper délicatement après 17 heures, afin d'éviter une amende.

En 2008, j'ignorais la susceptibilité de Brochand. Je suis un *criminel.* Ouf ! J'ai échappé aux féroces CRS, accompagnés de leurs chiens dressés.

***

Tous ces motifs fallacieux m'incitent à contacter Céchetti, le juriste de la ville de Cannes. Deux ans auparavant, il démontrait à l'avocate des harceleurs, la parfaite intégration de notre projet dans le site, le respect du PLU et ses erreurs de géométrie.

Aujourd'hui, il prouve le contraire en cognant très fort. Il nous traite de ***violeurs.***

Il est très peiné. Il est obligé d'exécuter les ordres.

Au sujet de CRIMINELS, il n'est pas au courant. Il ne s'instruit pas avec ce *torchon*. Toutefois, lorsque je lui signifie ma volonté d'attaquer Brochand pour diffamation, il me supplie de ne rien entamer. « Le service juridique s'active déjà jour et nuit à cause du mot déplacé.» Il me conseille d'écrire au Maire par l'intermédiaire d'un avocat spécialisé afin d'aplanir le quiproquo.

Il contredira aisément le **choix inepte** de l'article R111-21 dans notre cas.

Notre avocat veut attaquer immédiatement la ville de Cannes. Nous préférons qu'il explique à Brochand que nous respectons toutes les règles de l'urbanisme et que sa lettre parvenue hors délai, entraîne de facto la délivrance d'un permis tacite.

Le Tribunal Administratif constatera ainsi notre intention de résoudre, dans un premier temps, le problème épineux par la voie de la raison.

Si un coup fourré est possible, ceci renforcera mon intime conviction. Cima n'est pas le seul coupable. Le maire Bernard Brochand et le premier adjoint David Lisnard en sont les complices.

Si ce n'est pas le cas, mes excuses David Lisnard !

Hélas ! Fin décembre 2009, *les trois compères restèrent insensibles à notre demande justifiée.*

Je photographie tous les bâtiments de la rue Roquebilière et des rues proches de notre projet.

Sidérant la mauvaise foi de Cima !

Le quartier n'est pas du tout caractérisé par un style architectural homogène. Il comprend, bien au contraire, des bâtiments disparates qui n'ont rien de traditionnels et à l'esthétique variée sans intérêt.

Je déborde légèrement les instructions de notre avocat. Je mets en boîte, dans un secteur proche de notre emplacement, la rue Antoine Brun, le projet de démolition d'une belle maison pour y élever prochainement deux immeubles en R+4, entourés de maisons uniquement.

Étrange cette mansuétude !

Deux poids, deux mesures.

Le favoritisme, à Cannes, serait-il une spécialité ?

Monsieur le maire, familier du Bernardinisme°, lèse volontairement nos intérêts légitimes.

Il nous sacrifie pour satisfaire quelques voisins hostiles à notre projet, uniquement par intérêt égocentrique.

° Bernardinisme est l'expression d'une Niçoise. Elle fut un des personnages les plus célèbres lors du soulèvement de Budapest en 1956. La fille au manteau rouge. (A piros kabàtos làny)

6

4 février 2010

Disséquez la lettre de la mairie de Cannes.

Respirez à fond !

Nous sommes titulaires d'un permis tacite. La décision du refus de permis n'est arrivée que le 7 janvier au lieu du 3 janvier au plus tard. Mais cette décision arrivée le 7 janvier constitue, en réalité, un retrait du permis de construire tacite intervenu le 3 janvier 2010.

Surprenant ! Inspirez profondément !

La commune ne nous a pas invités à présenter nos observations *écrites ou orales et la commune envisage de rapporter sa décision de retrait, mais la commune entend également procéder au retrait de l'autorisation.*

Ubuesque ! Indécent ! Encore un effort !

Néanmoins, la commune reconnaît que dans le cadre de la mise en œuvre de la procédure contradictoire, nous avons des droits pour nous défendre.

J'ai remanié le dernier paragraphe. Sinon, nous passions quatre heures pour décrypter une lettre d'une demi-page.

La mairie conclut. Nous avons des droits. Nous pouvons transcrire nos observations de la rencontre.

Retiens ! Yves.

Tandis que notre avocat concocte un texte choc pour la mairie de Cannes, je débute mes recherches sur Brochand et Cima afin de mieux définir leur personnalité.

Je tombe sur le légendaire Michel Mouillot.

Sa vie ne me concerne pas. Il a fauté. Il a été puni. C'est son affaire.

Mais je constate ! Cima, l'opportuniste, a fréquenté Mouillot pendant de nombreuses années, sans être gêné par les frasques de l'ancien maire.

Il est primordial d'affronter Cima, l'élu perfide, celui qui a tout manigancé. Si Tartuffe avoue *avec candeur* : « À plusieurs reprises, j'ai eu l'intention de démissionner. Peut-être aurais-je dû le faire après l'incarcération de Mouillot, mais je serais retombé dans l'anonymat », le vaniteux articulera, à coup sûr, une autre bêtise ou émettra une observation inepte durant l'entretien contradictoire. Si l'opportunité se produit, nous le mentionnerons dans notre lettre d'observations.

Les paroles s'envolent, les écrits restent.

Nous déclinons un rendez-vous avec la Directrice de l'Urbanisme. En décembre 2009, Madame Agostini nous avait avoué son désarroi :

« Monsieur Hajos ! Votre permis est strictement conforme aux exigences du PLU. Hélas ! Je n'ai aucun pouvoir de décision. Adressez-vous auprès des élus. »

Malgré nos multiples sollicitations auprès de sa secrétaire, Cima, le brave politicien Centriste nous fuit. Il ne veut pas débattre avec nous.

- Monsieur Cima nous évite depuis la révélation de Monsieur Bastoni. Madame Agostini n'est pas autorisée à signer un permis de construire. Dans ce cas, il ne me reste plus qu'une solution. Je dévoile au public les magouilles de Gilles Cima.

La secrétaire compatit à notre détresse. Elle lui transmet à nouveau nos exigences. Attention, elle va craquer. Sa patience est à bout.

Après quelques accrochages tendus dont un, très explosif, nous obtenons finalement le rendez-vous avec le bon interlocuteur.

***

Je reconnais la voix, nasillarde et déformée qui me contacte deux jours avant la réunion cruciale.

- Méfiez-vous de Gilles Cima ! Il raccroche.

Mon épouse est crispée. Elle envisage une perte de sang-froid de notre part. Deux novices de la Promotion face au **produit du système Mouillot.**

Je sollicite le concours de notre architecte.

Il accepte volontiers. Il n'a pas digéré les reproches injustifiés sur la nouvelle façade.

Il n'a pas oublié les paroles spécieuses de Cima.

« *Si Madame Agostini me garantit le respect total du PLU, soyez rassurés d'obtenir le permis dans les plus brefs délais.* »

Il partage l'avis d'un architecte de Nice, au sujet de l'article R111-21. Il est subjectif, il permet de nombreuses dérives, il favorise les abus de pouvoir.

Le constat sévère d'un ancien maire Adjoint à l'Urbanisme de Millau, la ville devenue célèbre grâce à son viaduc futuriste, considéré comme une œuvre intemporelle, au même titre que notre Tour Eiffel ou la Sagrada Familia de Barcelone, est sans appel.

Cette loi peut déboucher sur un abus d'initiés ou un détournement de pouvoir. Il ne s'aventurait pas à s'en servir impunément, si aucune concertation aimable et constructive n'avait été établie au préalable. Il espère que j'ai choisi le bon avocat, maîtrisant bien le domaine compliqué de l'urbanisme.

Le site de la mairie de Viarmes est très explicite. Toute construction nouvelle doit absolument respecter l'architecture de la région. La mairie convie les gens à montrer leur projet pour approbation ou refus. Si le pétitionnaire persiste, malgré un avis négatif, elle n'hésite pas à employer l'article dissuasif.

Le directeur de l'Urbanisme de la ville confirme le contenu du site. La concertation positive permet au maire de ne pas en abuser.

Les règles sont bien définies.

Je lui relate notre histoire. Vous ! Chers lecteurs, la connaissez bien maintenant. À la fin de mon discours, étonné et circonspect, il m'avoue.

« C'est la première fois de ma vie professionnelle que j'entends des propos aussi incohérents ! »

Intérieurement, il me prend pour un doux dingue à l'imagination foisonnante ou un animateur d'une radio distillant des blagues.

Avez-vous déjà rencontré un politicien LR (Les Respectueux) qui ne tient pas ses promesses ?

Avez-vous déjà entendu un politicien UDI (page 33) murmuré des idées non vertueuses ?

Que ma tendre chérie ne s'inquiète pas.

Je resterai posé et pondéré. Mais aussi déterminé qu'en octobre 72 à la caserne de Colmar°.

Je n'attends plus rien d'un élu qui ne respecte pas sa parole. D'un élu qui oublie d'appliquer les règles les plus élémentaires de l'urbanisme. D'un élu qui privilégie la complaisance et les arbitrages partiaux.

° Voir mon livre : Existences bouleversées.

7

Le 19 février 2010, soit un an après notre premier entretien, Monsieur Cima nous reçoit en présence de Madame Agostini, Monsieur Lavaud, Directeur des affaires juridique et Monsieur Gautron du service juridique. Il a remplacé Céchetti au pied levé. Le courrier de notre avocat leurs étant parvenu, ils connaissent le but exact de notre démarche.

Surpris par la présence de notre architecte – j'ai oublié de prévenir la secrétaire - notre mannequin exprime son étonnement. En 2001, son affiche électorale flattait une marque de cosmétique.

- Vous ne deviez pas venir avec votre femme ? me dit-il d'une voix déçue.

- Elle a eu un grave empêchement ! En prenant la mine désespérée d'un politicien UDI faux-cul.

Les présentations faites, j'imagine leurs caractères.

Lavaud ! Le type balourd fait penser à un gros nounours sympathique. Il ne semble pas un foudre de guerre. Attention aux apparences ! Michel Mercier, le ministre de la Justice, se révèle très finaud malgré ses allures débonnaires. Lavaud, les yeux globuleux, le physique replet du regretté Jacques Villeret en plus grand, peut nous éblouir.

Gautron ! Il est idéal dans le rôle de l'espion. On ne le remarque pas. On glisse sur son visage neutre. Il ne dégage aucune antipathie. En 40, dans un camp de prisonniers, personne ne lui prête attention; il s'échappe aisément. Jouera-t-il l'homme invisible ? Difficile ! Redevenu visible, il reste transparent. D'ailleurs, en se tenant à l'écart de la discussion, il prouve une participation passive au débat. Son rôle ? L'observateur attentif d'une pièce inédite. Elle démarre à Cannes en avant-première.

LE SUSPENCE !

Quant à Madame Agostini. Vous la connaissez. Était-elle au courant du lapsus provoqué par son instructeur ? En lui apprenant l'article décrié, elle manifesta plus une contrariété de façade qu'une surprise réelle. De plus, un notaire loue son professionnalisme. « Le respect des règles du PLU est son leitmotiv. »

Je suis conscient. Elle défendra son chef. Sans trop m'abaisser. Ou du moins, je l'espère.

Écoutons soigneusement ses interventions.

Après un calme relatif où personne ne prend l'initiative de libérer la parole, Lavaud balance la première salve. Ma remarque pertinente, approuvée dans la foulée par l'architecte, le force à rengainer. Michel Mercier est plus futé.

Un silence tendu envahit à nouveau le bureau du gandin. Laissons la primeur à crème Nivea, l'homme à la face propre à l'extérieur. Ă l'élu qui exprime, avec une innocence candide être resté le maire adjoint de Mouillot pour satisfaire son narcissisme. Il peut épater à nouveau. Je le sens.

- Comprenez-moi ! Je subis une forte pression des voisins. Mettez-vous à ma place ! me supplie lamentablement Cima.

- Nous ne sommes pas à votre place ! Assumez vos responsabilités en tant qu'élu.

La réplique soudaine et magistrale de Monsieur Génie me permet d'accentuer notre avantage.

- Notre permis ne respecte pas le PLU ?

- Il le respecte parfaitement, avoue Cima, encore assommé, avant de poursuivre piteusement.

- Sauf que les riverains, même s'ils ne détiennent plus aucun motif légitime, se dressent contre votre construction.

Il n'a aucune consistance. Ainsi, pour plaire aux voisins, Cima ne nous délivre pas un permis de construire respectueux de toutes les règles du PLU.

- Vous trahissez votre parole ! Vous utilisez l'article R111-21 sans raison valable ! Lui fais-je remarquer avec un profond dégoût.

Cima ne réagit pas. Est-il encore sonné ou dépité que nous ayons découvert si vite le pot aux roses.

- **Un choix inepte !** D'après Monsieur Céchetti. **Pas du tout approprié !** m'avait rapporté Madame Agostini. D'ailleurs, elle vous l'avait longuement expliqué. **N'est-ce pas** ! Monsieur Cima ?

La directrice de l'Urbanisme réfute timidement ma remarque. Ma réponse ferme, mais courtoise, la contraint à admettre la conversation avec Cima. En pointant son regard franc vers ce dernier, elle lui confirme m'avoir bien assuré de continuer à déposer les pièces. « *Il n'existe aucun texte en vigueur qui puisse annuler la remise du permis. Il respecte le PLU dans les moindres détails.* »

Être fonctionnaire n'est pas toujours une sinécure. Parvenir à ne pas mécontenter sa hiérarchie et ne pas écraser l'autre partie, injustement lésée, est un exercice où Madame Agostini excelle.

- Monsieur Génie ! Dans ce cas, il est inutile de poursuivre l'entretien. Je dénonce la supercherie.

Tous, notre architecte compris, sont très surpris que je me sois levé. Je n'ai pas l'intention de m'en aller. J'avais remarqué Madame Agostini et Monsieur Gautron porter des volumineux livres de Droit et de l'Urbanisme.

- Monsieur Hajos ! Ne partez pas. Je vous suggère une solution.

Une fois rassis, je l'écoute attentivement.

- J'ai bien expliqué à Monsieur Dalmasso que légalement, je ne peux pas vous refuser le permis. Cependant, je demanderai au Promoteur d'édifier trois étages au lieu de quatre. Monsieur Hajos ! Acceptez trois étages. Je vous donne le permis.

Un an plus tôt, en présence de Madame Agostini et de ma femme, il n'avait pas effleuré cette idée. Après l'alerte balbutiée par Bastoni, il n'avait pas amorcé une tentative. Il avait préféré se planquer sous la table de son bureau. Ce type est à vomir.

Je suis perplexe. Construire trois étages au lieu de quatre dans une zone UA qui se densifie est un non-sens. Un point m'échappe. J'ignore totalement les subtilités de l'urbanisme.

Yves ! Retiens la voix nasillarde et déformée que j'appellerai Jean Rage : *Méfiez-vous de Gilles Cima !*

Yves ! Pour obtenir une clarification à l'autre problème qui te taraude, donne-lui l'impression que son pouvoir est absolu. L'autocrate ne réalise pas qu'il palabre sans prendre la moindre précaution.

Le PLU est-il une concertation démocratique ?

- Trois étages ? Dans ce cas, la surface habitable du dernier étage est-elle partielle ou équivalente à celle des niveaux inférieurs ?

Soulagé – j'ai mordu à l'hameçon -, Cima le mielleux incomestible questionne Madame Agostini.

Elle consulte son épais livre de l'urbanisme.

Pendant que Madame Agostini cherche la solution idoine, notre architecte esquisse un immeuble de trois étages avec une dextérité incroyable.

Cima, le regard goguenard, est ravi. Le politicien pavane. Imaginait-il une capitulation si rapide. Une telle soumission. Il sourit bien volontiers, en particulier à Lavaud qui le lui retourne largement avec un air narquois et complice.

Madame Agostini pense possible l'utilisation de la totalité de l'emprise pour le troisième et dernier étage. Cependant, par prudence, elle approfondira la recherche avant de nous le certifier.

- Si Madame Agostini nous garantit la possibilité juridique d'élever trois étages…

- Certainement ! me coupe Cima, déjà levé. Elle vous le confirmera.

Cima, est vraiment le prototype du politicien qui repousse les électeurs et provoque les abstentions.

Monsieur Cima ! À propos des bow-windows ?

Penaud, il se rassoit, et reprend.

- Les bow-windows ? Quoi ! Les bow-windows.

- Monsieur Cima ! Pourquoi êtes-vous si sévère envers les bow-windows ?

Désarçonné, il cherche une explication adéquate.

Gautron n'est pas dans la ligne de mire de l'élu. Il s'est bien planqué. Le taiseux prétendra n'avoir jamais émis la moindre erreur. À part : Bonjour ! Il s'est contenté de respirer. Il assure dans le futur classement carbone : A+++

Lavaud, assis à côté de moi, légèrement en biais se trouve dans la trajectoire de Cima.

Madame Agostini, qui a disparu de son champ de vision, rêve. « La zone est constructible, les plans sont conformes au PLU. Qu'il ne compte pas sur moi pour me rendre ridicule. »

Lavaud, moins vif, paraît embarrassé. Sa réflexion est-elle contrariée ?

Au bout de longues et éternelles minutes, je réitère ma question.

- Monsieur Cima ! Me suis-je mal exprimé ? Les bow-windows, pourquoi sont-ils tant critiquables ?

Il a beau espéré un soutien, aucun n'intervient. Il ne tient plus en place. Il gesticule sans arrêt.- Sa nouvelle spécialité ? - Une aide, même peu réaliste, peine à sortir du cerveau des diplômés.

Cima a la mine défaite, le teint pâle – une première à Cannes -, le regard implorant Lavaud.

Tous les participants entendent la respiration forte et saccadée de Lavaud. Il souffle péniblement. Il cogite profondément, ses yeux glauques plongés dans ceux, livides er amorphes, de Cima. Le bureau exigu et non climatisé accentue le malaise. Lavaud, le juriste chercheur à l'instar du professeur Tournesol, inonde le sol. Tant il transpire, à force de se creuser la cervelle en pleine fusion. Mon regard réprobateur balance entre Cima et Lavaud, muets.

Soudainement, le corpulent flasque, engoncé dans son costume trempé, la mine réjouie, redresse son buste mou. Il se lève crâneusement et lâche :

- **Les bow-windows ? C'est laid !**

Phosphorer si longtemps pour ça !

Après le mot *criminel* de Brochand, c'est au tour de Philippe Lavaud, un personnage grotesque d'une arrogance folle, de dérailler.

Cima, soulagé, le sourire béat qui met en évidence sa dentition Colgate, approuve allègrement. La phrase magique du niais, débitée avec une voix stupide et méprisante, a fait tilt. La salle est-elle si surchauffée pour s'extasier à ce point ?

Pour Cima, le bienheureux, la séance est clôturée. Le paon se lève, les autres lui emboîtent le pas.

À cet instant, resté collé à ma chaise, calme et impassible, je les interpelle à brûle-pourpoint.

- Messieurs Cima et Lavaud ! **Le Carlton a des bow-windows.**

Le visage de Cima, l'effet PIZ BUIN volatilisé, se décompose. « Comme si Colombo lui avait infligé un coup de pied diplomatique dans les testicules.»

Il tente de s'éclipser du débat fiévreux. Encore plus fort que le transparent. En revanche, le bouillonnant Lavaud, le cerveau turbo en ébullition, s'emballe furieusement dans une forme d'hystérie.

- **Le Carlton ? C'est très laid** ! hurle-t-il

Une nouvelle tirade culte !

Elle enchantera le Sénat, l'Assemblée Nationale, la ville de Cannes.

Le Carlton est magique. Il me donne l'occasion d'argumenter sur le refus de nous délivrer le permis de construire. « Votre façade est laide ! »

À Cannes, d'autres hôtels prestigieux, ont des bow-windows. Désolé de ne pas les citer.

Un but suffit pour gagner ! dirait Brochand.

Mentionnons quant même le Majestic, le palace leader de la Croisette. L'hôtel fétiche du Festival de Cannes, avec sa façade remarquable composée de bow-windows, est inscrit dans l'inventaire du patrimoine depuis 2001.

- Monsieur Cima ! Pour la surface habitable du troisième étage dans sa totalité, j'attends la confirmation **écrite** de la mairie de Cannes.

Je lui serre la main. La dernière fois de ma vie.

Nous sommes sidérés par la conduite honteuse de Cima et sa remarque imbécile. Suis-je navré pour Lavaud ? La ganache soumise à « Cima, me voilà ! »

Nous devons également défendre nos droits. Des droits d'autant plus légitimes que nous avons suivi scrupuleusement les règles de l'Urbanisme.

J'expose mes doutes sur leur sincérité. Ma femme, aussi, est sceptique. Elle est d'accord avec ma mère. Elles ne le sentent pas.

Peut-on proposer trois étages si le PLU précise une hauteur de construction à 15 mètres dans la totalité de la rue de Roquebilière ?

8

Le beau est-il objectif ou subjectif ?

L'avocat a répondu au charabia de Cima du 4 février. Sera-t-il écouté ? J'ai des doutes.

Nous écrivons les croustillantes observations de la réunion culte du 19 février 2010. Des commentaires qui font tordre de rire l'architecte.

Puis, nous appelons la secrétaire de David Lisnard, le premier maire Adjoint. Elle m'écoute avec une attention toute particulière.

- Affirmer que les bow-windows, c'est laid, c'est subjectif. Surtout avec l'avis favorable de l'ABF.

- Vous avez raison. Contredire l'homme de l'art, quel toupet ! Ceci est très préoccupant. Cette affaire est louche. Elle n'est pas claire. J'informe de suite Monsieur Lisnard. Je vous tiens au courant.

Avant qu'elle ne raccroche, je lui souffle une idée.

- Que pensez-vous des critères de sélection de Monsieur Cima en charge de valider le James Bond ? *Elle a hâte d'entendre la suite.*

- Il recale Sophie Marceau, Thylane Blondeau, Monica Bellucci. Elles manquent de féminité.

- Des femmes pareilles ! Vous exagérez !

- C'est son droit. Mais c'est subjectif. Il préfère Raquel Garido, Corinne Masiero, Sybeth N'Diaye. Surtout Corinne Masiero. Elle est née avec un bon capital génétique, l'ondulation coquine. Elle supplantera aisément Ursula Andress dans James Bond contre le Docteur No. C'est son goût personnel. Avouez, cependant, que c'est également subjectif.

- Je suis d'accord ! me dit-elle en pouffant.

- Pour Mister Bond, Monsieur Cima, renvoie Jean Dujardin, Georges Clooney, Brad Pitt…

- Ah non ! Pas Brad Pitt ! Il est beau !

- Oui ! Mais c'est subjectif.

- Hum ! Brad Pitt ? Il est beau !

- Au prochain James Bond, Monsieur Gilles Cima retient Jean-Michel Apathie, Stéphane Bern, Bruno Solo. Un choix toujours subjectif.

- Stéphane Bern ? Je l'aime bien. Mais plus dans La Cage aux folles qu'en Bond ! La secrétaire rigole.

- La beauté est unique et singulière. Des personnes ont une beauté rare. D'autres, une beauté étrange. En dissertant sur la beauté, nous devons accepter une forme de subjectivité.

Abrégeons vite avant qu'elle ne soit interrompue.

- Pour le philosophe Alain, l'objectivité n'est qu'une subjectivité désintéressée. Que dois-je conclure ? La subjectivité de Monsieur Gilles Cima est-elle une objectivité intéressée ?

La secrétaire partage mon avis. Aux architectes de définir ce qui est compatible avec l'Urbanisme, comme aux professionnels du cinéma de choisir les candidats en rapport avec le rôle.

En plus d'avoir le sens de l'humour, elle est diplomate. Face à la mauvaise foi de la mairie, j'alerte.

- Monsieur Brochand soutient Monsieur Cima, le violeur de la loi. D'ici qu'il me traite de criminel parce que je m'oppose justement aux mauvaises intentions de Monsieur Cima !

- Monsieur Hajos ! Nous sommes déjà accaparés avec ce mot malheureux. N'en rajoutez pas. Le TA peut être interrompu à tout moment. La Presse, quand elle saisit une opportunité, on ne peut plus l'arrêter. Je vous le promets. J'avise sur le champ Monsieur Lisnard. Cette affaire sent mauvais.

David Lisnard, mis au courant de l'affaire louche, n'est finalement pas intervenu. Celui qui se targue d'être un bon Républicain a choisi de se taire. Il n'a pas sévi. Son poste actuel, dans l'attente d'un autre, plus prestigieux, a plus d'importance que d'obliger Cima le dévoyé à appliquer simplement les règles de l'urbanisme pour tous.

Sans discrimination.

9

Tendus, dépendant du bon vouloir des élus, nous appréhendons les premiers jours de mars.

Monsieur le député Brochand nous ignore. Interdisons le cumul des mandats. Ne cherchons plus une main tendue à Nice parmi les UMP et les Centristes. Certains, au courant de nos mésaventures, s'écartent des deux lépreux.

***

Seul Monsieur Vidal de la majorité UDI, version « Liberté épanouie », accepta de nous revevoir à l'avenue Jean Médecin en mai 2011.

Cette fois-ci, je prends la précaution de le cerner.

C'est un franc-maçon, fidèle aux valeurs de liberté, d'intégrité, d'égalité, d'équité et de justice.

Quand je décris son ami Cima, avec le gestuel d'un comédien se glissant sous la table de son bureau afin de m'esquiver, Vidal a beaucoup de mal à retenir son fou rire. Dieu sait qu'il qu'il est plus du genre discret qu'expansif.

Son sourire disparait à la lecture du refus de notre permis. Puis, c'est avec le regard des mauvais jours, qu'il voit les photos posées sur une grande planche.

Gêné, il reconnaît, avec franchise, la très mauvaise foi de la mairie de Cannes. « L'application de l'article R111-21 est incensée, inadmissible. »

Il nous promet de contacter Monsieur Cima.

- Espérons, Monsieur Vidal, que Monsieur Cima, l'ami de Michel Mouillot, retrouvera la raison.

- Parce que vous saviez pour Mouillot ?

- Trop tard ! Hélas. Sinon, croyez-moi, dès l'alerte de Monsieur Bastoni, nous aurions réagi différemment. Aussi, comme vous appartenez à la même famille politique que Monsieur Cima, je me suis renseigné avant de vous renconter. Ainsi, j'ai découvert que vous êtes franc-maçon.

- Vous êtes contre les francs-maçons ?

- Je ne suis ni pour ni contre ! J'ai même de bons amis qui le sont. Ils appliquent ces principes nobles et louables avec dignité. Ils sont contre l'injustice. J'ai la naïveté de croire que le mot éthique, n'est pas un vain mot pour vous.

Deux semaines plus tard, Monsieur Vidal nous demande d'attendre la décision de la justice qui, à n'en pas douter, jugera en notre faveur.

Monsieur Vidal ! Je vous ai compris.

Toutes les personnes doivent être traitées avec la même intégrité, égalité et équité.

Certaines avec plus d'égards que d'autres.

10

12 mars 2010 Bonne nouvelle !

Nous recevons un permis tacite.

Pendant l'affichage de notre permis de construire constaté par huissier, des curieux s'agglutinent autour de moi. À part la voisine réfractaire à toute construction, les autres badauds sont ravis.

Sur le point de partir, un homme m'aborde.

- Tout peut tomber du ciel. Bon séjour au TA.

Je ne prête guère attention à son ironie. David Lisnard a été averti par sa secrétaire. Il a stoppé la magouille. Il interdira à Cima le machiavélique de dégoupiller la grenade R111-21 une seconde fois.

Il a compris la grave erreur commise par Cima.

***

19 mars 2010. Stupeur ! La lettre de l'avocat, chèrement facturée, n'a pas eu les effets escomptés.

Le Maire, avec une atroce tranquillité, sans une once de scrupule, annule notre permis tacite.

Le psychorigide se range du côté de l'infamie.

Il copie les mêmes motifs. Les bow-windows. La différence de hauteur.

Le jour même, uu autre avatar s'abat sur nous.

Nous vérifions le rapport de l'huissier, Éric Nicolas. Notre panneau, bien visible, respecte les règles. Le 17 mars 2010, le consciencieux constate à la mairie l'affichage aux vues du public. C'est bien.

Soudain, nous découvrons une faille énorme.

Le panneau indique du 19 mars au 19 mai 2010 au lieu du 12 mars au 12 mai 2010.

La mairie nous transmet un permis tacite. Elle omet de le déclarer. Plus grave, elle affiche un refus de permis par anticipation.

Son incompétence a au moins le mérite de dévoiler **l'escroquerie de la ville de Cannes.**

Officiellement !

De quoi rager et se réjouir. Le forçat du *travailler plus pour gagner plus*, incapable de lire un refus affiché illégalement par anticipation donne la preuve du viol manifeste d'une des règles de base de l'urbanisme.

Une faute lourde d'après des avocats.

Un retrait concrétisé grâce à la collaboration de Lavaud et à la soumission de son service juridique.

Faut faire un procès ! Me tanne un avocat.

Encore un qui ne perd pas le Nord !

11

Notre avocat s'oppose au référé.

En France, le TA n'a jamais donné raison en référé à un pétitionnaire contre une mairie. Celui de Nice n'est pas mûr pour ouvrir la boîte de Pandore. De plus, les conséquences financières peuvent être dramatiques si nous perdons sur le fond.

Perdre sur le fond ! Quelques semaines auparavant, il fanfaronnait le contraire. « *L'affaire est très facile à démontrer.* »

Aujourd'hui, il nous met en garde. La Justice est-elle une loterie ?

Les bow-windows ? C'est laid !

Priorité aux voisins électeurs !

Deux motifs vitaux pour nous laminer ?

Le second point majeur de désaccord concerne les pièces à fournir.

Nous tenons absolument inclure dans le mémoire, les observations de notre lettre du 20 février.

À bout d'arguments, il accepte finalement d'en faire état. Il constate notre manque de chaleur.

- Maître ! Cima et ses complices sont-ils autorisés à nous piétiner sans raison ? Nous ! Forcés de nous incliner sans réagir ?

- La Justice est beaucoup plus complexe. Fort heureusement, mes clients sont différents de vous.

- Effectivement ! Nous n'avons pas remarqué de persécutés aussi innocents que nous au TA.

Il écarte sèchement le mémoire de l'architecte qui démonte tous les points litigieux soulevés par la mairie. « *C'est trop littéraire.* »

Son refus d'insérer ces éléments précis et bien détaillés est incompréhensible.

Pour lui, le maire a juste abusé de son pouvoir.

- Vous devez le prouver. Sinon, le maire vous poursuivra pour diffamation.

- Je note que votre consœur s'était émancipée. Elle dressa contre nous des arguties ineptes, calomnieuses et diffamatoires.

- Monsieur Hajos ! Vous n'êtes pas le maire.

- Maître ! Rédigez un mémoire béton.

Il repousse catégoriquement le papier sur les CRIMINELS dans METRO, renommé 20 Minutes. Il ne veut pas ennuyer la carrière de Binacchi, un novice dans le journalisme. Encore moins ternir davantage la réputation de colérique de Brochand.

- Le maire a le droit de nous malmener ! Nous ! Le devoir de nous écraser ?

- On lui tombe déjà sur le dos. Ne l'enfonçons pas plus en le ridiculisant.

Il récuse de mentionner les deux mairies qui n'utilisent pas l'article R111-21 si les faits ne sont pas véritablement fondés. (Page 43)

Il écarte les photos qui démontrent avec plus d'éclat que le lieu n'a rien de traditionnel.

N'étant pas juristes, mais surtout chavirés et sans ressorts, nous nous plions à ses volontés.

Notre troisième désaccord concerne la délivrance du permis. Pour notre avocat, la loi ne permet que l'annulation du refus du permis tacite. Si nous gagnons, nous exigerons la remise du permis de construire. Si la mairie reste butée, Avocat, me voilà ! Entame une procédure.

Tarifée ! bien sûr.

***

Le mémoire en référé et l'autre sur le fond sont envoyés en même temps.

La réplique violente de la mairie de Cannes, tant sur la forme que sur le fond nous assomme.

Sur la forme, les cas de jurisprudence qui démontrent l'absence de l'urgence pleuvent.

Nous avons commis une avalanche de fautes.

En particulier la commercialisation imprudente de notre programme avant l'obtention officielle du permis. C'est impardonnable.

Elle détaille d'autres thèses dans une écriture incompréhensible. Elle contredit avec une mauvaise foi évidente, chaque argumentation avancée.

Sur le fond, les arguments fléchissent.

Notre avocat exulte. La défense vacillante de la ville de Cannes est évidente. Il souhaite notre avis mais précise, avec une confiance absolue, la qualité et le sérieux de son travail.

« ***Qu'il ne lui paraît pas utile de répliquer dans la mesure où notre requête a parfaitement cerné la question de l'article R111-21 du code de l'urbanisme.*** »

N'ayant aucune compétence urbanistique, nous maintenons notre confiance au Maître spécialisé dans ce domaine. Celui qui réfléchit avant d'écrire.

Toutefois, trois éléments nous titillent.

L'immeuble en face de notre projet est un R+5 et non un R+4.

Nous ignorons la signification des deux cas de jurisprudence utilisés par la mairie. (CE, 9 novembre 1983, époux Ody, CE, 18 mai 1984, Louveciennes.)

Ces cas sont-ils justifiés pour nous aplatir?

Pour le quatrième étage, *une faute de frappe.*

Affaiblis et l'esprit confus, nous acceptons son raisonnement expéditif.

Quant aux deux cas de jurisprudence, nous n'avions pas relevé son explication vaseuse, « *chaque partie a ses arguments.* » Pétrifiés d'être attaqués si ignoblement, nous fûmes trop tétanisés pour être en mesure de traiter avec lucidité. Lui, qui affirme sans se démonter que son mémoire est complet.

Résultat du référé.

La requête enregistrée le 7 avril 2010 suppliant l'urgence n'est pas retenue dans l'ordonnance du 5 mai 2010. La déception est énorme. Cependant, elle s'atténue. Mon avocat a bien entendu et confirmé dans sa lettre la phrase prononcée par le Président du TA que j'avais captée également.

« Le seul point positif à retirer de cette procédure concerne le traitement – très – accéléré du dossier. »

« Lors de l'audience le Président a indiqué que le dossier de fond serait mis au rôle au cours du dernier trimestre 2010. »

« C'est une maigre consolation, néanmoins cela évitera d'attendre plusieurs années comme c'est fréquemment le cas. »

Ma prise de parole en plus de celle de l'avocat, bien embarrassé par mon intervention, fut judicieuse et salutaire.

J'ai montré au Président la fameuse photo écartée par notre avocat. Elle prouve d'une manière indiscutable l'aspect réel du quartier.

Elle contredit magistralement la défense de la mairie.

C'est après mon plaidoyer pro-domo, pertinent, incisif et légèrement imagé, que le Président a mentionné l'étude du dossier vers la fin 2010.

Un discours où j'avais remis à sa place Céchetti.

Céchetti, le juriste servile de la ville de Cannes, eut la mine déconfite. Il avait plaidé avec une violence sanguinaire inouïe contre nous.

S'était-il shooté ?

Aujourd'hui, encore très meurtri par la dureté et la très mauvaise foi de sa défense, je ne comprends toujours pas comment un homme, charmant au demeurant, ait pu nous flétrir à ce point.

Celui qui nous conseillait, en janvier, d'écrire au Maire par l'intermédiaire d'un avocat spécialisé afin d'aplanir le quiproquo. *Il contredira aisément le choix* **inepte** *de l'article R111-21 dans votre cas.* Était-il sous la pression ou menacé par les élus ?

Notre mémoire sur le fond envoyé en même temps que celui du référé est communiqué à la mairie de Cannes le 13 avril 2010. Elle a 60 jours pour déposer son mémoire en défense. Nous prions notre avocat d'être vigilant afin de tirer un avantage du traitement **très** accéléré.

Le 15 juin 2010, la secrétaire nous garantit transmettre à l'avocat notre message suppliant.

« La mairie de Cannes a-t-elle bien retourné son mémoire en défense ? Notre dossier doit être mis au rôle au cours du dernier trimestre 2010. »

Nous conservons notre confiance à notre avocat.

« Je jure comme avocat d'exercer mes fonctions avec dignité, conscience, indépendance, probité et humanité. »

12

19 juin 2010. La rencontre surprise.

Chez Kamogawa, de la rue de la Buffa, je commande les plats dans la langue du couturier Kenzo. Notre voisin et sa femme me complimentent pour mes connaissances linguistiques.

Ma femme qui me connaît encore mieux que moi-même est confuse. Elle pressent que les deux touristes vont découvrir dans peu de temps une nouvelle particulièrement débridée.

Bingo ! Stupéfait par mon récit carrément dingue, il me décline sa profession : Président du Tribunal Administratif de …Il souhaiterait consulter à notre Agence, les causes réelles du refus du permis et les arguments de notre avocat.

En se connectant sur Google street, je n'y avais pas pensé, il constate que le quartier n'a rien de traditionnel. Il confirme : « La rue de Roquebilière n'est pas exceptionnelle, remarquable, homogène. Je ne vois pas un arbre rare à protéger. » Le saké descendu, il ajoute : « L'argumentation de la mairie est peu peu crédible, légère et superficielle.»

Il ne ménage pas notre avocat. Ses explications sont très vagues. Il n'apporte aucune preuve tangible. « Vous devriez étayer. Avec des arguments plus pertinents, vous gagnez. »

Il est étonné. **L'avocat n'exige pas un certificat de permis de construire**. Il estime prudent de chosir un homme de loi plus mordant le jour où nous réclamerons des dommages-intérêts.

« La faute des élus est si flagrante ! »

En refusant de nous communiquer les bonnes parades, à chacun son travail, il nous fait part de sa délectation de juger l'article R111-21 ô combien tendancieux.

- Il est parfois aussi subjectif que le choix de la prochaine James Bond girl. Si vous saviez comme je me régale en lisant l'imagination gloutonne de quelques représentants du peuple.

En juillet, nous paniquons. La mairie de Cannes n'a pas retourné son mémoire en défense. Malgré plusieurs appels, notre avocat reste injoignable.

En août, l'employée transmettra notre demande à son retour de congés. Notre stress refait son apparition. À cette angoisse légitime, le silence assourdissant de notre avocat nous interpelle.

Devons-nous le conserver, trouver une personne plus qualifiée ou suivre les recommandations de ma femme : « Étudies le Droit de l'Urbanisme ! »

Durant la première semaine d'août, je rencontre sept causeurs. Ils bloquent la vente de deux logements depuis plus d'un an, en raison de problèmes très mineurs.

Les baveux, plutôt que de raisonner leurs clients, ont un don spéculatif pour envenimer le partage des draps et de la vaiselle, et continuer à leurs balancer leurs notes d'honoraires.

Jaugeons leur compétence.

- Franchement ! Perdre son temps pour des broutilles. Alors que j'affronte un problème majeur avec la mairie de Cannes. Je les laisse cogiter avant de poursuivre. Le maire n'a aucune raison sérieuse et valable pour refuser de délivrer notre permis de construire un immeuble.

Les sept redresseurs de torts veulent s'occuper de notre cas fâcheux. Ils déploieront avec ardeur et dévouement leur savoir et leur compétence.

Bizarre ! Aucun des sept plaideurs ne connaît l'encombrant R111-21.

Changer de secouriste n'est pas un long fleuve tranquille.

13

Pendant le mois d'août nous recevons l'aide inattendue de deux renforts de poids.

Je montre un studio à la mère et à son fils, un étudiant de l'Edhec. Trop tard pour me changer.

J'étale mes problèmes.

De retour à l'Agence, la conseillère à l'Urbanisme d'une grande ville du Sud de la France consulte toutes les pièces, y compris le mémoire de notre avocat. L'étude des documents terminée, elle juge les arguments de la mairie très fantaisiste.

- En trente ans de carrière, je n'ai jamais lu des objections aussi peu fondées. La mairie de Cannes a trop poussé le bouchon. La mairie se contente du premier paragraphe de l'article pour justifier une différence de hauteur et des bow-windows agressifs. Pourtant, il est bien précisé dans l'article :

« Sous réserve de prescriptions spéciales. »

J'écoute attentivement la suite.

- Pareil pour l'article U11 du PLU de Cannes.

- Vous devriez vérifier. Ceci est très grave. Surtout avec l'avis favorable de l'ABF.

Elle approuve notre opposition à édifier trois étages au lieu de quatre. En effet, le PLU fixe une hauteur à quinze mètres dans la **totalité** de la rue.

Sauf, s'il existe une prescription. « Pour Hajos ! Trois étages seulement. » Dit-elle en rigolant.

Néanmoins, elle avoue ne pas connaître les deux cas de jurisprudence utilisés pas le juriste de la mairie de Cannes.

Elle s'étonne du manque de recherche de notre avocat. Il semble désinvolte et peu opiniâtre.

- Redemandez-lui ! **C'est son devoir de vous assister.**

Elle nous met en garde. Nous partons avec un énorme handicap, aggravé par les carences de notre juriste. Pour arracher une décision juste face à ces puissants, souvent sans vergogne pour les côtoyer si souvent, ajoute-t-elle, nous devons étayer chaque point soulevé et trouver des arguments juridiques irréprochables.

Nous découvrons les prescriptions spéciales, mises de côté par l'expérimenté.

Sa dernière phrase nous glace.

- **L'attitude de votre professionnel est étrange. Il semblerait vous avoir trahi.**

***

La chance ne me quitte pas.

Chez un veuf désireux de vendre son logement, je déborde une fois de plus. À chacun son addict.

Il connaît une personne qui travaille à la DTA (La Directive Territoriale de l'Aménagement).

En ligne, ce dernier s'enquiert sur l'adresse exacte de notre projet de construction.

La DTA ? J'ignore ! Je découvre.

Le lendemain matin, l'ami du veuf, tout excité, m'annonce une nouvelle incroyable.

- Ils devront vous payer un max de dommages-intérêts ! C'est plus qu'une erreur. C'est la volonté manifeste de vous détruire. Une tromperie digne des régimes autoritaires. Une véritable escroquerie.

Ils mériteraient la prison.

Il m'explique.

« - Il y a trois zones.

La zone sensible.

La zone neutre.

La zone espace-enjeux.

Vous êtes dans une zone espace-enjeux.

IL FAUT DENSIFIER ! »

En effet, la décision de la DTA, au sujet de la bande côtière, fut approuvée le 2 décembre 2003.

Il m'aide à trouver les plans, me confirme un point fondamental. Le PLU est élaboré en accord avec les Directives de la DTA. Puis, il rajoute.

- Chapeau pour le Carlton et la James Bond !

J'ai enfin compris leur aimable proposition.

« Acceptez trois étages, je vous donne le permis. »

J'ai pigé la raison de ne pas la confirmer. En déposant un permis avec trois étages seulement, la mairie se réfugie derrière la DTA.

« Désolés ! Le quartier doit être densifé. »

Ou pour la jouer plus fine, afin de faire durer le supplice, la mairie laisse le contrôle de la légalité de la Préfecture, ordonner l'annulation du permis de construire.

J'ai outrepassé les consignes de la DTA.

Donc, le mémoire « littéraire » de notre architecte, écarté avec dédain par notre défendeur, est juste et pertinent. J'enrage.

« *Ça n'est pas par hasard si, dans la rue de Roquebilière - en totalité – il est prévu une hauteur de 15 mètres mais bien par la volonté de requalifier le quartier en y ayant trouvé la zone d'extension nécessaire à la création de logements.* »

***

La voix nasillarde et déformée de Jean Rage me demande de lire attentivement la modification n°1 du PLU de Cannes du 25 septembre 2005.

Afin de préserver un secteur d'habitats traditionnels, il a été intégré un secteur UAb. Ce lieu correspond à l'îlot situé entre la rue…et l'avenue …

dans lequel les hauteurs de constructions sont corrigées.

Or, la rue de Roquebilière, où se trouve notre projet, **n'appartient point à la zone UAb.**

Cima, Lisnard et Brochand ont bien violé la loi. Ils nous ont fracassés, à dessein, sans raison valable.

La mère de l'étudiant de l'Edhec avait parfaitement cerné le sujet. Il n'existe aucune prescription spéciale clairement notifiée concernant une quelconque règle sur la différence de hauteur entre bâtiments, ni sur la présence de bow-windows ou de pignon aveugle. Elle avait bien jaugé notre avocat.

En déposant un permis avec trois étages, la mairie de Cannes prétexte à juste raison :

« Monsieur Hajos! Le professionnel. Ignorez-vous que la rue de Roquebilière se trouve hors de l'îlot à préserver ? Nous avons créé la zone UAb. »

Le nouveau coup de massue confirme la difficulté de changer d'avocat. L'Urbanisme est déjà abscons pour notre spécialiste du Droit Public.

Si *aucun des sept plaideurs ne connaît l'encombrant R111-21,* sont-ils capables de mieux maîtriser la DTA, les prescriptions spéciales et le découpage d'une zone que notre baveux ignorait ?

Ou feignait d'ignorer ? Ce qui est plus grave.

14

Dès début septembre, nous envoyons à notre avocat *qualifié* les éléments récents. Sans toutefois mentionner les sources. Inutile de le froisser.

Faute de réponse de sa part, nous lui expédions un mail le 28 septembre.

Le jour même, il nous répond. « *Je rencontrerai prochainement le Président du TA. J'exigerai la remise du mémoire en défense.* » Bizarre ! Deux ans auparavant, il avait écrit au TA que *sa consœur Assadourian pratique une manœuvre dilatoire en retardant son envoi.* Suis-je si bouleversé pour oublier la récente remarque « *Votre professionnel de l'urbanisme semblerait vous avoir trahi.* »

À son tour, Céchetti use des mêmes ficelles en profitant de la nonchalance de la partie adverse.

Quant à nos découvertes complémentaires, sont-elles insignifiantes ou l'ont-elles irrité ?

***

Après un bon mois de silence, notre avocat se manifeste enfin. Son mail révélateur détonne.

« *Le service de l'urbanisme était favorable à la délivrance de votre permis. C'est la hiérarchie ou les élus qui n'ont pas souhaité vous l'attribuer.* »

Votre bien dévoué, Maître Lacrouts.

Messieurs Cima, Lisnard et Brochand.

On viole impunément la loi sans état d'âme ?

On nous prive la possibilité d'exercer légalement notre métier sans aucun motif légitime ?

Honte ! Honte ! Honte ! Shame on you !

Notre souhait de porter l'affaire au référé était parfaitement légitime. Maintenant, notre avocat s'attelle aux conclusions.

Nous redemandons à sa secrétaire qu'il s'active sur la réception du mémoire en défense et qu'il nous commente les deux cas de jurisprudence.

*****

Mi-novembre, le scoop de Nice-Matin

« *Guerre de tranchées pour une place au soleil* »

Avec un titre rugissant et évocateur, l'article précise que la mairie de Cannes, avec le soutien des services juridique et de l'urbanisme, se range du côté des voisins, même si nous respectons le PLU.

Pierre Valet, le Bob Woodward de Nice-Matin, s'abstient d'approfondir son travail d'investigation.

Il a pris le parti d'adopter un ton humoristique pour défendre une mauvaise cause, un invraisemblable paradoxe. C'est son droit, mais qu'il reste objectif. Le secteur alentour n'est pas à R+2.

Lorsqu'il écrit, Monsieur Cima, sous la pression du « *général en chef* » René Dalmasso, est venu, a vu et a agi, en utilisant la farce R111-21 qui autorise ce genre d'audace pour justifier ce retournement stratégique, il fait l'impasse sur les nombreux permis récents, en R+4 à R+6 qui côtoient des bâtiments en RDC ou R+1.

Le colporteur oublie de noter que notre architecte a demandé à Cima d'assumer son rôle d'élu. En plus, le jour du marché à Cannes, il est facile de compter 311 acheteurs qui protestent contre le confinement ou la vie chère. Précis l'échotier !

Notre avocat, contrarié en apprenant le nom de sa consœur, se vexe quand je lui lis le compliment élogieux : « *un stratège expérimenté.* »

- Vous auriez dû donner mon nom.

- Maître ! Je lui ai surtout démontré que nous suivons respectueusement les instructions du PLU. Votre célébrité viendra au moment opportun.

Comme il ne me répond pas, je poursuis.

- Nous réclamons à la ville de Cannes deux millions d'euros de dommages-intérêts.

- Quoi ! Vous voulez ruiner la ville ! me dit-il avec une voix réprobatrice.

- Parce que Cima, lui ! Il en a le droit ? Mettez à jour toutes les fourberies de la ville de Cannes. Votre pub est assurée. Plus grandiose que celle de votre consoeur. Au fait ! Les cas époux Ody et Louveciennes. C'est gênant pour nous ?

Nous ne réagissons pas à l'article tendancieux. Pourtant, il mérite de nombreuses corrections. Nous ne voulons pas brouiller le TA afin qu'il puisse juger sereinement.

Cependant, le porte-voix n'eut pas la chance de rédiger ce qu'il chercha obstinément à obtenir. Des questions à charge, très biaisées, posées maintes fois, avec insistance, dans le but de flatter le général et le stratège pour mieux nous enfoncer.

Je ne les ai ni confirmées, ni infirmées.

La réponse resta la même.

- Je respecte intégralement le PLU.

Tout en lui narrant « un impérissable monument d'audace » de la part de Cima et de Lavaud lors de la réunion du 19 février 2010.

Son attitude confirme ma première impression.

Sympathique ! Bien que sa plume penche trop en faveur de la partie adverse.

Aurait-il un faible pour Maître Assadourian ?

En effet, dire que le pistolet R111-11 braqué sur nos têtes autorise ce genre *d'audace*, l'utilisation du mot *audace* tend à atténuer l'acte *criminel* commis par la mairie de Cannes. Il fait passer Cima, le pleutre qui se glisse sous la table de son bureau, pour le preux Robin des Bois de Cannes.

Affirmer gratuitement que Cima a le soutien de son service de l'Urbanisme est déloyal. Il fait passer le service de l'Urbanisme de Cannes pour des gens incompétents, voire des crétins. Il considère tout le service juridique de Cannes comme des carpettes, prêtes à accomplir n'importe quelle bassesse afin de conserver leur emploi.

Notre Bob a cependant marqué en grands caractères gras, mon droit au cri.

JE NE PEUX PAS PERDRE !
JE SUIS DANS MON DROIT !

J'exige deux millions d'euros de dommages-intérêts.

Pourquoi 2 millions ? C'est le premier chiffre qui est sorti de ma tête.

Finalement, un chiffre pas si absurde.

DEUX ! Le bon chiffre qui fait réagir la ville.

Une ville plus indignée par une augmentation de la taxe foncière qu'une dérive autocratique des élus de la ville de Cannes.

À croire que Cima les a bien vaccinés. Un taux de réussite supérieur à celui de Pfizer ou de l'autre.

Un sourire enjôleur, avec deux yeux bleus pervers, qui ne nécessite pas un rappel.

15

Vers la fin du mois de novembre, la patronne du café *À table*, de la rue de Congrès, au courant de nos déboires, me présente une habituée de son troquet, Maître Téboul. « C'est donc vous ! La secrétaire de Lisnard a dû bien rigoler sur le choix de Cima pour le prochain James Bond. »

Elle s'étonne que notre avocat n'ait pas encore ordonné au TA, la remise du mémoire en défense de la mairie de Cannes dans les délais. « Notre profession est déjà si décriée ! »

Grâce à la robe noire je découvre que nous pouvons contacter directement le TA.

De retour à l'agence, je décroche le téléphone.

Le lendemain, 30 novembre, je consulte l'état d'avancement de notre affaire. Oh ! Quelle agréable surprise

« Le TA somme l'envoi du mémoire en défense de la mairie de Cannes dans les 30 jours. »

Nous sommes ulcérés par le manque d'assiduité de notre avocat. Avec plus d'amertume que de satisfaction, nous comparons nos arguments récemment transmis à ses objections. Nous lui prions de rédiger un mémoire complémentaire.

Deux heures après, il répond. PARFAIT !

***

En fin décembre, notre voisin, un juriste dans la propriété intellectuelle, nous conseille de solliciter auprès du TA une clôture de mise au rôle de notre dossier. Un autre charabia qui nous est inconnu.

Le bureau de notre avocat, fermé pour congés, je contacte le Président du TA de … rencontré au resto japonais.

Je lui narre notre problème.

Bigre ! Je l'avais trouvé très léger. À ce point, ça devient inquiétant. Il nous dicte une lettre avec des mots savants auxquels je n'aurai pas pensé.

Puis, la routine reprend ses droits. La vérification de l'état d'avancement de notre dossier.

Youpi ! Le mémoire en défense de la mairie est parvenu le 28 décembre au TA. J'avertis immédiatement notre justicier. Anxieux, nous avons hâte de lire les explications mitonnées par les juristes de la mairie de Cannes.

À la fin de l'année, aussi exécrable que la précédente, le TA confirme la réception de notre lettre concernant la mise au rôle de notre affaire.

Puisse notre courrier, difficilement compréhensible pour un profane, retenir l'attention du TA.

Même si, maintenant, nous estimons posséder un mémoire bien étayé, l'ignorance des deux cas de jurisprudence, époux Ody et Louveciennes, nous sape le moral et nous perturbe.

Nous croyons à une décision juste. Bien qu'un tas d'exemples m'interpellent. La Justice déraille trop souvent. Les conclusions surprenantes, contraires aux intérêts des personnes vraiment lésées, ne sont pas des cas d'exception.

Aussi, suite à nos dernières rencontres fructueuses, je m'interroge sur notre avocat.

Soit ! Il n'a aucune obligation de résultats. Mais, en théorie, le plaideur a des obligations de moyens.

Si je compare son travail vraiment effectué et le montant de ses honoraires, il aurait surtout les moyens de nous taxer un max.

MAXIMUM D'ENCAISSEMENT

MINIMUM D'INVESTISSEMENT

Une anomalie aux conséquences catastrophiques.

16

Nous sommes maintenant pressés de connaître leurs derniers arguments.

3 janvier 2011 12h19 Notre mail d'espoir.

Cher Maître,

Nous vous présentons nos meilleurs vœux.

En consultant notre dossier sur internet, le TA a reçu le mémoire en défense le 28/12/2010 et vous l'a envoyé le 29/12/2010.

Nous vous remercions de nous prévenir dès réception afin que je vienne le chercher.

Salutations distinguées

Yves Hajos

Nous avons à peine achevé notre sandwich que nous entendons le signal de l'ordinateur.

3 janvier 2011 12h56

Cher Monsieur,

Meilleurs vœux de bonne année en retour.

J'ai reçu au courrier pendant mes congés le mémoire en défense communal.

Je vous l'adresse par mail.

Bien à vous.

Qu'a pu encore mijoter Céchetti ? Je piaffe d'impatience de découvrir. L'utilisation du présent : « *Je vous l'adresse par mail* » nous conforte.

- Yves ! Nous le recevrons en fin de journée. Cesse de rester fixé devant l'écran de l'ordinateur.

Déçu, je quitte l'agence vers 21 heures. Je suis bon pour une autre nuit agitée.

Le lendemain, ma femme s'inquiète à son tour.

4 janvier 2011 11h18

Cher maître,

Nous n'avons pas encore reçu de votre part le mémoire en défense de la commune de Cannes.

Vous deviez l'envoyer hier pas mail.

Mon mari se rendra ce matin en votre étude pour prendre ce document.

Merci de le mettre à sa disposition.

Salutations distinguées.

Madame Hajos

Malgré notre excitation légitime, nous pensons simplement à un oubli de sa part.

4 janvier 2011 12h49

Le document ne sera pas à sa disposition, car je n'ai pas d'assitante pour l'instant.

Inutile qu'il se déplace.

Je vous l'envoie dès que possible.

Bien à vous.

Nous sommes surpris par la teneur du texte. Il contredit son mail précédent. La phrase : « *Je vous l'envoie dès que possible.* » est très évasive.

Avons-nous établi un contrat de confiance avec l'avocat ou avec son assistante ?

Quand la secrétaire me le passe le baromètre ne prévoit aucune perturbation. Les bons vœux expédiés, je lui demande la date de remise du pli.

- Ma collaboratrice est souffrante. Attendez son retour. Vous récupérerez le mémoire en défense.

Je suis interloqué. Sommes-nous si négligeables ? Si peu considérés ? Notre cas relève d'une injustice flagrante. On pensait qu'il portait un autre regard sur nous. Il nous sait abattus psychologiquement et financièrement.

Le terrain est payé. Toutes les factures, des architectes, du géologue, de l'huissier, de l'avocat et d'autres intervenants ont été honorées. Depuis plus de deux ans, nous sommes incapables de travailler sereinement.

- Elle revient quand ?

- Je ne sais pas. Dans quinze jours. Peut-être. ?

- Vous blaguez ? Hier, vous deviez nous envoyer par mail le mémoire.

- Monsieur Hajos ! Cessez de divaguer. Je n'ai jamais écrit ceci. Faites comme moi. Prenez deux semaines de vacances. Vous ne direz plus n'importe quoi. Réfléchissez avant de parler.

- Maître ! Relisez votre mail du 3 janvier, lui dis-je en conservant une retenue malgré une colère sourde bien légitime.

- Faux ! Archi faux ! Vous mentez ! Je n'ai jamais écrit ceci. Reprenez-vous ! Sinon...

Alzheimer disparu, il se calme. Alors, il égrène d'une voix sardonique et obséquieuse :

- D'ailleurs, j'ai la reprise des audiences à gérer en ce début d'année. Je dois examiner mes dossiers. J'ai du travail à récupérer.

- Maître ! Vous êtes sérieux ? J'ai haussé le ton.

Toujours sur le même ton posé et vaniteux, sa prétention n'a plus de limite.

- Le 31 décembre, j'ai hérité 500 dossiers de mon confrère associé. Il vient de prendre sa retraite. Je dois les traiter et les analyser comme tout avocat prévenant et attentif.

Sur sa lancée, incapable de réprimer des pulsions nauséabondes, il me tance :

- Votre dossier ? Il n'est pas vraiment important. Il peut attendre. Et puis ! J'ai également...

Stupéfait pas sa divagation cataclysmique, je crie.

- Votre conduite est intolérable ! Inqualifiable !

Vos propos obscènes et fielleux sont outranciers !
ILS SONT INADMISSIBLES !

Je raccroche.

Comment aurais-je réagi si le sinistre personnage avait été en face de moi ?

Ma femme avait remarqué mon visage se décomposer durant la conversation. Elle capta mes dernières paroles assénées bruyamment. Elle est raide, complètement tétanisée. Moi, en fureur.

La réception du mémoire est vitale pour nous. Quels sont ses véritables motivations ?

Pour qui roule-t-il ?

Je veux, sur le champ, me rendre à son étude et récupérer le mémoire. Ma femme me dissuade. Elle craint un clash. Pire ! Une manipulation de sa part.

« Si tout ce que tu viens de me dire est vrai, je te crois, il te poussera à bout. Avec le témoignage de ses collègues, il te poursuit pour diffamation. Fais attention ! Il serait capable de t'interner. Surtout ! **N'ébruites rien. Tu n'as aucune preuve**. »

En allant au restaurant, nous croisons un couple coincé, réputé pour leurs commérages. Il remarque aussitôt notre mine attristé.

« Il vous est arrivé un grand malheur ? »

Notre récit les irrite. Les partisans de Rudy Salles ne peuvent imaginer un tel comportement de la part de Cima et des autres élus de la ville de Cannes.

Ils ne croient pas aux écarts de langage de notre avocat Niçois. J'ai évité de le nommer.

J'en suis certain. Ils vont alerter notre voisin. Maître Ledonne. Le Bâtonnier de Nice. La tête d'un bouledogue comme Dupont-Moretti.

D'ici que, de mon côté, je prévienne le Père Gil Florini, le curé chanteur, restaurateur, créateur de la bière de Nice.

De retour à l'Agence, contrairement à moi, littéralement avachi, ma femme se ressaisit.

Mardi 4 janvier 2011 13h52

Cher Maître,

Dans votre mail d'hier matin, vous disiez avoir eu au courrier le mémoire en défense communal et disiez nous l'envoyer par mail. Ainsi, nous nous attendions à le recevoir dès hier après-midi.

Nous ne comprenons pas pourquoi vous tardez à nous l'envoyer alors que vous en avez eu connaissance.

Madame Hajos

Le fossé entre la caste des intouchables et le simple citoyen se creuse. Notre avocat montre avec ostentation sa supériorité de premier de cordée.

L'ordinateur nous signale l'envoi d'un mail.

De : avocat Maître Lacrouts

Mardi 4 janvier 2011 14h59

Pour l'avoir expliqué à votre mari qui m'a raccroché au nez ce matin, je ne vous ai jamais indiqué que je devais vous envoyer le mémoire.

Mon assistante est actuellement malade et du fait de mon absence pendant les vacances de Noël j'ai 2 semaines de courriers à traiter avec la reprise des audiences à gérer en ce début d'année, plus le départ d'un associé et dont j'ai récupérer° 600 dossiers à gérer. (° *récupérer* : dans son mail.)

Je n'ai donc pas matériellement le temps de m'occuper d'une copie du mémoire, ce qui peut attendre ;

Mon assistante vous le transmettra lors de son retour.

Incroyable ! Un miracle à la Don Camillo.

MINIMUM DE PROFESSIONNALISME

MAXIMUM DE FAUTES GRAVES

Comment qualifier un individu qui traite d'abord ma femme d'affabulatrice et qui confirme la preuve de son verbiage délirant ?

Cavanna, le rédacteur de Hara Kiri, ressusciterait le titre qui fit son succès.

Bête, Méchant et Con

Ma femme avait juste. Il pouvait m'interner.

La mairie de Cannes, sans raison valable, nous a martyrisés et brisés.

Lui ! Avec une perversité démoniaque, pas du tout embarrassé de commettre une rupture d'égalité entre 600 dossiers et le nôtre, nous achève.

Plaise aux lecteurs de mon livre d'apprécier tous les mails authentiques. Les nôtres et ceux de Maître Jérôme Lacrouts, le Jean-Claude Duss de Nice.

En plus dévastateur.

Lacrouts, celui qui a prêté serment de dignité et d'honneur, n'a pas trouvé l'ouverture pour traiter notre dossier en urgence. Tellement il est devenu compulsif à force d'ouvrir les 600 dossiers.

Nous ! Nous pouvons attendre.

17

Malgré quelques conseils d'attaquer le vaurien de suite, nous n'entamons aucune procédure à son encontre. Nous hésitons à chercher le mémoire en défense. Nous craignons sa réaction. Nous nous méfions du pouvoir de nuisance des avocats et des décisions des juges, solidaires envers la corporation.

Un de mes amis a subi les affres d'une mairie corrompue, d'un avocat véreux et d'une justice partisane. Il est ruiné en plus d'être divorcé.

Continuons à lui balancer des mails.

Vendredi 7 janvier 2011 12h54

Cher Maître,

Savez-vous quand reviendra votre assistante et quel délai lui faudra-t-il pour s'occuper de notre dossier ?

Dans votre mail du 3 janvier, vous écriviez : « *J'ai reçu au courrier pendant mes congés le mémoire en défense communal. Je vous l'adresse par mail.* »

Cela portait à croire que vous le feriez dans la journée. En général, quand on décide d'envoyer un document par mail c'est afin que le demandeur le reçoive rapidement.

Faire une photocopie de quelques pages, les mettre dans une enveloppe et les laisser à l'accueil n'auraient pris que 5 minutes de votre précieux temps.

Vous pouvez comprendre que nous sommes anxieux de connaître le contenu du mémoire en défense de la mairie de Cannes. Si la commune de Cannes a envoyé son mémoire en défense, c'est suite à une mise en demeure du TA, mise en demeure provoquée par notre appel téléphonique, fin novembre. J'espère que vous changerez votre point de vue et que vous nous transmettrez rapidement une copie du mémoire en défense de la commune.

Salutations distinguées.

Madame Hajos.

Au lieu de s'excuser, de respecter son serment, Maître Lacrouts s'obstine à nous provoquer.

Continuons à le pilonner de mails.

Mardi 11 janvier 2011 15h39

Maître,

Vous n'avez pas répondu à mon mail du vendredi 7 janvier. Cela fait déjà 10 jours que vous avez reçu le mémoire en défense de la mairie. Ci-dessous un extrait du site internet de votre cabinet :

« *Une grande proximité avec les clients permet à chacun des Avocats de la SCP d'avoir une bonne connaissance de leurs attentes, en y répondant dans les meilleurs délais, le but étant d'être réactif.* »

Vous ne mettez pas en application les belles paroles de votre site. Le fait que votre assistante soit absente et que vous avez 2 semaines de courrier à traiter ne peut justifier que vous refusiez de nous communiquer ce document.

Nous vous rappelons que nous sommes votre client et nous ne comprenons pas pourquoi vous faites ainsi de la rétention de document.

Salutations distinguées,

Madame Hajos.

En plus d'être CON, il est malhonnête. Il viole le contenu du site en étant peu **réactif.**

' Violer ' un mot que nos chers juristes prennent un plaisir évident à utiliser. N'est-ce pas, Céchetti !

Jeudi 13 janvier 2011 11h49

Maître,

Une notification d'ordonnance d'instruction vous a été envoyée par le TA mardi 11 janvier. En consultant notre dossier sur internet, nous avons noté une ordonnance de clôture d'instruction au 28 février 2011.

En conséquence, **il est urgent que nous prenions connaissance du contenu du mémoire en réponse de la mairie.**

Cela fait 2 semaines que vous avez reçu ce mémoire en défense et cela fait 10 jours que vous êtes rentré de vacances, vous devez avoir fini de traîter le courrier reçu pendant vos vacances.

Votre assistante est-elle toujours absente ?

Si faire des photocopies n'est pas de votre ressort, je peux venir à votre étude et faire moi-même les photocopies, c'est une tâche qui ne me rebute pas.

Salutations distinguées.

Madame Hajos

***

La semaine s'achève avec un nouvel avatar.

Jean Rage, le chevalier blanc que je ne parviens pas à identifier nous met en garde.

- La mairie exploite habilement la photo de l'immeuble situé en face de votre projet. Seuls quatre étages apparaissent. Alors que votre mémoire en indique cinq. Le Tribunal, dans le doute, demandera un complément d'informations. À votre place, je ferai constater les cinq étages par un huissier.

Je n'ai pas le temps de réagir qu'il rajoute.

- Prenez garde ! La justice est loin d'être un modèle d'exemplarité.

Continuons à nous ruiner et à bâcler le travail quotidien.

***

Nous avons passé le week-end maussade à rechercher sur internet les principes à respecter sur la date d'ordonnance de clôture d'instruction fixée au 28 février 2011 en ce qui concerne notre affaire.

Chaque protagoniste doit être jugé équitablement. Ainsi, notre mémoire en réplique devrait être déposé au moins trois semaines avant la clôture de l'instruction. Nous devons accorder du temps de réponse à la partie adverse.

Afin que le TA ne cherche pas à repousser la date de la clôture de l'instruction, suite à l'insistance de la ville de Cannes, trouvons les meilleurs moyens de récupérer le mémoire en défense communal dans les plus brefs délais.

Nous avons bien cogité pendant ces 48 heures.

Y compris l'élaboration du plan B.

***

Lundi 17 janvier 2011.

L'assistante de Maître Lacrouts est de retour.

Problème ! Elle ne prend les clients que l'après-midi. Le matin, elle se consacre aux problèmes les plus épineux. « *Rappelez cet après-midi si c'est urgent.* » me balance sèchement la standardiste.

Le jour même, la gorge nouée, je pénètre dans l'antre austère de l'Ordre des Avocats. Je remets la lettre que nous avions soigneusement rédigée, sans omettre le moindre détail.

Le personnel, étonné, m'assure. L'Ordre étudiera notre cas dans la journée. **Pipo !** crie mon ami. Celui qui découvrit que son avocat était de mèche avec la partie adverse. Aujourd'hui, il est ruiné.

Appliquons le plan. Chaque mot est bien réfléchi.

Lundi 17 janvier 2011 13h33

Maître,

Votre assistante étant de retour, vous voudrez bien lui dire de préparer une copie du mémoire de défense de la mairie de Cannes que vous aviez reçu il y a plus de semaines.

Je vous rappelle que vous avez reçu le 11 janvier du TA, une ordonnance d'instruction de notre dossier avec clôture d'instruction le 28 février, comme je vous l'ai déjà informé par mail la semaine dernière.

Votre comportement nous laisse incrédules.

Salutations distinguées.

Madame Hajos

L'avocat a sûrement lu notre requête.

L'orgueilleux respectera-t-il enfin le slogan de son site internet ? « *Une grande proximité avec les clients permet à chacun des Avocats de la SCP d'avoir une bonne connaissance de leurs attentes, en y répondant dans les meilleurs délais, le but étant d'être réactif. »*

Au début de l'après-midi, je contacte l'assistante de l'avocat calculateur.

Incroyable ! Elle me fait poireauter pendant plus d'une heure avec le concours de sa secrétaire à la voix rauque et méprisante.

Quelle différence de ton avec les secrétaires et le personnel de la mairie de Cannes.

Ils se sont toujours comportés avec une extrême amabilité. En particulier la secrétaire de Gilles Cima. Je l'avais tant harcelée pour obtenir le rendez-vous avec l'élu.

Ça y est ! Je suis en ligne avec l'assistante. L'abrutie me fait répéter plusieurs fois mon nom, celui de ma société et l'objet de mon appel. La pimbêche espère-t-elle me faire disjoncter ?

C'est son tour de cracher la leçon apprise par cœur. Des paroles délétères, vitupérées avec une haine féroce, identiques à celles de Lacrouts.

Sans le style.

Son délire terminé, non surpris, cette fois-ci, je rejoue la scène en articulant en mode plaidoirie comme Maître Carlo Brusa. Le gestuel inclus.

- VOS PAROLES SONT INADMISSIBLES !

Je raccroche.

Qui se ressemble s'assemble. Dans un régime tyrannique, ils font un malheur. Pauvre peuple !

Testons le plan B

Oh ! Que je me suis forcé.

Écrire Maître à la place du mot : **Traître**.

Lundi 17 janvier 2011 16h22

Maître,

J'ai appelé ce matin votre étude pour savoir que votre assistante ne répond que l'après-midi. Je viens de rappeler votre assistante. Elle n'a pas voulu décliner son nom.

Concernant la copie d'une remise de mémoire en défense de la mairie de Cannes que vous avez reçu il y a plus de 2 semaines, votre assistante m'a bien précisé qu'elle a de nombreux dossiers urgents à traiter avant le nôtre, qu'elle n'est pas à notre disposition pour faire une photocopie et qu'elle n'est pas en mesure de nous indiquer une date quant à la distribution de notre courrier. Sa réponse fut tout aussi évasive que le jour où je vous avais eu en ligne.

Nous nous interrogeons sur votre manière d'agir.

Nous écrivons au TA et prévenons l'Ordre des Avocats au sujet de votre refus de nous communiquer le mémoire en défense.

Yves Hajos

Notre mail a eu un sacré effet.

La réponse nous parvient dans les trente minutes qui suivent.

17 janvier 2011 16h54

Cher Monsieur,

Aucun souci pour que vous préveniez l'Ordre des Avocats.

Je vous adresse parallèlement un courriel vous indiquant que je ne souhaite plus assurer votre défense.

Votre entier dossier sera à votre disposition dès mercredi matin (10h00) au Cabinet où vous pourrez le récupérer.

Bien à vous

Le courriel adressé parallèlement précise que j'ai raccroché au téléphone à sa sainteté le 4 janvier. Ainsi qu'à son sacré personnel, il y a quelques heures. Il ne peut plus s'occuper de notre dossier. La confiance est rompue.

Attendre treize jours pour s'enfoncer à ce point !

Un cas original à soumettre aux psychologues ou aux Responsables des Ressources Humaines ?

Un burn-out occasionné par 600 dossiers ?

Le plan **BOUM** a dépassé nos espérances.

La tricherie et la sottise sont mises à jour. Juste à l'aide d'une plume acérée et d'une voix percutante.

Le 17 janvier, il décrédibilise davantage l'image déjà négative de sa profession.

« *Ayant reçu le mémoire en défense de la commune de Cannes début janvier, je ne pouvais pas vous le transmettre plus rapidement suite à mon retour de congés, ayant eu de très nombreuses urgences à traiter.* »

Nous sommes des clients sans importance.

600 passent avant nous !

Ainsi, le *Réactif* prenait un plaisir malsain à lire nos mails et à ne pas y répondre.

Depuis combien de temps a-t-il planifié notre destruction ? Constatons le désastre causé par :

- Son manque d'humanité.

- Ses manquements à ses devoirs d'information et de disponibilité envers ses clients.

- Son manquement aux principes affirmés dans son site internet dont la réactivité.

- Sa cruauté morale vis-à-vis de deux personnes déjà très affaiblies par la traîtrise de la mairie de Cannes, n'hésitant pas à nous humilier.

Une mairie de Cannes qui avait planifié notre anéantissement peu de temps après notre entretien avec Cima, lors de notre réunion avec Madame Agostini et notre architecte.

BANDE DE CONNARDS !

18

Le soulagement est de courte durée. Trouvons vite un avocat moins débordé. Ils abondent. Au bout du dixème, aucun ne me convient. Je respire le parfum Maître 600. Mon assureur me recommande sa nièce. Une jolie demoiselle sérieuse et appliquée. Elle est fraîchement diplômée. Elle a de solides connaissances dans le Droit Public et de l'Immobilier.

Avant de lui déballer nos problèmes, posons-lui la question essentielle.

- Avez-vous déjà traité l'article R111-21 ?

Elle ignore l'article.

Le 21 janvier, le grand ponte de l'Urbanisme me fait patienter plus de deux heures. Aucune excuse pour le retard. Durant le bref entretien, après avoir lu les motifs de la ville de Cannes, il écarte sans ménagement mes curiosités. Il sait tout.

Je lui demande le montant de ses honoraires.

- Je prends entre 300 et 600 euros l'heure selon la complexité du dossier. Votre affaire, hélas, est très mal emmanchée. Elle nécessite des recherches considérables ! ajoute-t-il en prenant l'air compassé de l'avocat qui va vous entuber.

Je lui prie de m'envoyer un devis détaillant les moyens qu'il comptera mettre en œuvre.

Je l'attends encore.

***

Les cas Ody et Louveciennes nous turlupinent.

Notre voisin, juriste dans le domaine spécifique de la propriété intellectuelle, ne les a pas trouvés dans Légifrance ou dans le Dalloz.

Les deux cas ont-ils été inventés ?

Impossible !

Les limiers dociles de la mairie de Cannes n'échafauderont pas des cas fictifs rien que pour satisfaire la vanité démesurée de Cima.

La soumission a des limites. Quoique. Quand je vois l'état de la France.

Décidément, Céchetti a le don de me ronger l'estomac et de me priver de nuits paisibles.

19

Le jour solennel de la récupération du mémoire.

Ma femme s'angoisse. Elle craint une provocation du coléreux arriviste, encadré par ses confrères.

- Bijou ! Cesse de te tourmenter inutilement. Son orgueil est trop blessé. Le lâche ne se pointera pas à ma rencontre. Pas plus que ses associés.

Muni d'un grand cartable, je me présente devant la secrétaire standardiste à l'heure précise. Assis, en attendant la remise des documents, le personnel et les stagiaires dévisagent la bête rebelle.

J'ai longuement patienté. Que de beaux rêves défilent. J'écris un livre. J'ai deux titres en tête.

'' L'avocat ! Mon ami qui nous veut du bien.''

'' Cannes ! Une mairie exemplaire.''

J'imite Molinari et Ollivier Cartoonist, les brillants caricaturistes de Nice. Je croque Lacrouts entrain de s'esclaffer sur une montagne de documents :

600 dossiers ! Je jouis !!

Ma femme est soulagée. Tout, y compris sa lettre de renoncement, est à notre disposition.

Aucune bosse sur ma tête.

Leur mémoire en défense est la copie du premier.

Un an de supplice, avec la complicité évidente de notre ex-avocat, pour lire :

- La rue Antoine Brun n'est pas dans le même secteur que la rue Roquebilière.

- Les bow-windows du 14 rue de Roquebilière ne sont pas dans le même secteur que les bow-windows du 24bis rue de Roquebilière.

- La mairie soutient mordicus que l'immeuble, en face de notre terrain, n'a que 4 étages.

Le Majestic et le Carlton, édifiés sur la Croisette, ne seraient-ils pas dans le même secteur ?

Nice ! Ne serait-elle pas dans le même secteur de la Côte d'Azur que Cannes ?

Différer l'envoi du mémoire de près d'un an !

Un super foulage de gueule !

Cima ! Lisnard ! Brochand ! Shame on you !

***

La pizza avalée, je file à Cannes. Un huissier, différent du mauvais coucheur, certifie l'existence des cinq étages de l'immeuble positionné juste en face de notre projet.

D'autres photos attestent officiellement que la rue n'a rien de traditionnel.

Notre problème exposé, il est plié en deux par le choix de Cima, *le produit du système Mouillot,* pour la future James Bond girl. « Je croyais tout savoir pour un refus bidon de permis de construire. Je me suis gravement gouré. » Il ajoute avec un ton grave : « Étayez ! »

***

Regrettable le parallèle entre la mairie de Cannes et notre avocat. Les deux ont tout mis en œuvre pour retarder la date du jugement.

Regrettable que Lacrouts, *le grand médecin des âmes,* oublie les mots pugnacité, dévouement rigueur, sérieux, dans la construction d'un mémoire bien étayé. Il a mis en veilleuse le mot curiosité dans la recherche des cas Époux Ody et Louveciennes.

Pour nous ratatiner, par contre, notre bateleur, trop dépendant de son cadeau du 31 décembre, a suivi les principes de conduite du chauffeur de taxi dans l'émouvant film Z de Costas Gavras.

Il fut incapable de desserrer le frein à main ou d'enclencher une vitesse.

20

Nous prenons une décision téméraire et risquée. Rédiger nous-mêmes le mémoire en réplique.

Le jour même, nous recherchons sur internet les cas de jurisprudence traitant l'article R111-21.

Pendant plusieurs jours et nuits, je classe d'un côté les jugements en faveur des maires, de l'autre, ceux en leur défaveur.

Dans notre cas, le choix injustifié de la matraque R111-21 est une mascarade. Un abus de pouvoir.

Nous sommes outrés par la bassesse de Cima. Nous nuire à ce point, avec la complicité de Lisnard et de Brochand, mérite une sanction exemplaire.

Lundi matin, l'appel de Jean Rage augmente mon stress. La voix déformée nous suggère de comparer la rue du Cerf, la rue Molière et le Bd Astégiano par rapport à la rue Roquebilière. « De quoi mieux renforcer votre mémoire en réplique. »

Trois jours plus tard, j'entreprends le repérage photographique des trois rues concernées.

Le constat est édifiant. Une tromperie manifeste.

Cima ! Despote, pleutre, couard, indigne.

***

De retour à l'Agence, abattu, les traits tirés, la mine hagarde, je croise l'avocat de la cocue dépressive. Celle qui empêche son mari de vendre leur bien.

- Vous avez un tracas ?

- Énorme ! Le médecin ne me transmet pas le rapport de la clinique. La paperasserie est du ressort de sa secrétaire.

- À chacun son travail.

- D'accord ! Mais elle est malade. Il ignore la date de son retour.

- Ça ! Ce n'est pas très professionnel.

- Maître ! Ce n'est pas tout. Il m'affirme être trop affairé pour faire une copie du résultat. Il soigne des patients. Je peux languir.

- Ça ! C'est inadmissible ! Il faut le poursuivre.

- Maître ! Ce n'est pas fini. Il m'a confirmé par écrit ses deux remarques plus une autre. *Le 31 décembre, il a hérité 600 patients d'un médecin qui part à la retraite. Il doit les traiter, les gérer. Mon problème médical peut attendre. Mon cancer n'est pas important.*

- 31 décembre ! 600 ! Il l'a écrit ! Il est **CON** ! Venez vite à mon étude. Nous attaquons le malotru pour atteinte à l'éthique. **Un type très dangereux !**

Il se frotte les mains avant de poursuivre.

- Monsieur Hajos ! Nous obtiendrons un paquet de dommages-intérêts. Lundi 10 heures ! Ça vous convient ? Son nom s'il vous plaît ?

- Lacrouts ! lui dis-je avec deux yeux gourmands.

- Comme l'avocat ? Avec un air perturbé.

- J'avais dit un médecin ? Ah ! J'ai fait une erreur. Je suis tellement surmené. Je devrais aller en voir un. Lundi 10 heures, ça me va ! **Cher** Maître.

- Lacrouts ? L'avocat. C'est que…vous comprenez, c'est délicat de poursuivre mon confrère.

- Radier un médecin, ça ne vous embarrasse pas.

La justice est-elle vraiment impartiale ?

***

À partir du 2 février, nous étoffons le mémoire.

L'utilisation de l'article R111-21, dans notre cas, est plus la volonté « criminelle » de nous anéantir qu'une simple erreur d'appréciation.

Remarque 1 : Refuser un permis de construire pour faire plaisir à des voisins ne constitue pas un cas très particulier pouvant justifier l'usage de l'article R111-21 du Code de l'Urbanisme.

Remarque 2 : Refuser un permis de construire parce qu'on considère subjectivement que les bow-windows c'est laid ne constitue pas, aussi, un cas très particulier pouvant justifier l'usage de l'article R111-21 du code de l'Urbanisme.

***

Nous citons les rues mentionnées par Jean Rage.

La rue du Cerf.

Si l'on suit la logique de la ville concernant notre permis de construire, Cima aurait dû appliquer l'article R111-21 pour ce projet de construction. Or, la mairie de Cannes a bel et bien accordé le permis de construire qui, au demeurant, le méritait. Il respecte le PLU, tout comme le nôtre.

Au 3 rue du Cerf, c'est-à-dire en zone UA, le panneau du *Créateur de belles résidences* annonce la démolition d'un magasin en RDC pour laisser la place à l'immeuble *Le 7 Lecerf.* Un R+5 de 18,80m de hauteur, d'un style architectural différent des bâtiments qui le jouxtent ou qui y font face et qui sont en RDC.

Les pièces produites montrent que derrière l'immeuble *Le 7 Lecerf,* au 8 rue des Mimosas, se trouve un bâtiment en R+2.

Certes, la rue du Cerf ne se trouve pas dans notre quartier. Mais elle se situe bien dans la zone UA instaurée par le PLU de la ville de Cannes, tout comme la rue Roquebilière. De plus, contrairement à la rue Roquebilière, tous les bâtiments à côté et en face du projet *Le 7 Lecerf,* sont des bâtiments à l'architecture ancienne et homogène, tout comme les bâtiments de la rue des Mimosas.

Nous ne contestons pas le permis de construire accordé par la mairie de Cannes au projet de construction, *Le 7 Lecerf.*

Cependant, il montre bien une discrimination et une erreur manifeste d'appréciation.

La mairie de Cannes n'est pas horrifiée au sujet de l'hôtel à rénover situé dans la rue Molière. Il est prévu d'y accoler un bow-window gigantesque dans une rue sans bow-window.

Normal ! L'ABF avait émis un avis favorable pour la rénovation du bâtiment. Positif aussi pour notre projet avec des bow-windows. « *Pas d'objection. L'ensemble de la façade ayant pris une meilleure allure.* »

Sauf pour Cima ! Le bonimenteur qui tracte sur le marché de la Bocca son slogan : *Une société qui ne connaît pas les sous-citoyens.*

La mairie de Cannes pouvait faire un recours auprès du préfet de région contre l'avis de l'ABF dans un délai d'un mois à compter de la réception de l'avis de l'ABF (article R423-68 du code de l'Urbanisme)

Or, elle n'a engagé aucune procédure contre l'avis favorable de l'ABF. La mairie n'a pas dénoncé le penchant *merdique* de l'ABF, selon le jugement cru de Philippe Lavaud.

Plaise au Tribunal Administratif de constater la volonté destructrice manifeste de la part des élus de la mairie de Cannes, de nuire à notre réalisation. Avec l'utilisation abusive de manœuvres dilatoires et indignes de fort mauvais goût.

La modification n°5 du PLU permet d'élever au Bd Astégiano sur un terrain libre entouré seulement de maisons en RDC ou R+1 un immeuble de 250 logements avec une hauteur de 18,80m. Un projet proche de la rue Roquebilière.

La modification n°5 l'autorise aussi dans la rue Antoine Brun. La villa démolie sera remplacée par deux immeubles, ceinturés uniquement de maisons en RDC ou R+1. (Page 39)

Or, pour ces deux projets, la mairie de Cannes n'a pas objecté de différence de hauteur avec les autres bâtiments constituant l'îlot urbain allant engendrer une disharmonie architecturale portant atteinte au caractère des lieux avoisinants et au paysage urbain.

Évident ! Les deux programmes figurent dans la zone Espace-Enjeux définie par la DTA.

Tout comme le nôtre.

Deux poids, deux mesures.

La DTA correspond à une table gigogne. Chaque élément doit bien s'enchevaucher dans l'autre. Plusieurs règles de droit s'emboîtent les unes dans les autres, sachant que le PLU de Cannes doit être élaboré en conformité aux directives de la DTA.

Ainsi, le refus de la mairie de délivrer le permis de construire à notre projet va à l'encontre de la DTA et du SDAU, Schéma Directeur d'Aménagement et d'Urbanisme. Il est d'autant plus incompréhensible que le PLU de la ville de Cannes a été élaboré en accord avec les directives de la DTA et du SDAU. :

« Le centre de ce coin correspond au SDAU à une zone d'urbanisation agglomérée ; il est destiné à recevoir un habitat regroupant toutes les catégories de formes urbaine s. »

Jean Rage avait raison. Une injustice flagrante. Une rupture d'égalité. La distinction entre ceux qui sont essentiels et ceux qui ne comptent pas.

Nous ! Au rebut.

Avec la complicité de notre ex-avocat. Il n'a pas mis en valeur tous ces points vitaux. Oui ! Avec la connivence de Lacrouts. Car sur son site internet, l'avaleur compulsif de 600 dossiers prétend maîtriser les particularités de la DTA.

Sauf pour les laissés-pour-compte.

Je n'ai donc pas matériellement le temps de m'occuper d'une copie du mémoire, ce qui peut attendre ;

Notre joie est de courte durée. Les cas Époux Ody et Louveciennes ne sont pas résolus.

Le TA risque de nous recaler pour une question de forme, d'après une relation. Il s'est planté royalement au TA pour y être allé seul.

« Faites vérifier votre mémoire par un avocat. »

21

Maître Françoise Veyrac est plus ponctuelle.

Une heure d'attente. L'accueil est glacial. Elle n'a pas digéré la conversation téléphonique d'hier.

- Un avocat ne peut dire et écrire ces paroles. Il encourt une radiation. Soyez plus modéré.

Elle garde ses distances. Elle me croit zinzin.

Inutile de la braquer. Je lui remets les échanges de courriels avec un sourire figé.

L'avocate, confuse et consternée, m'avoue avoir honte pour sa profession. Déjà si malmenée.

- J'ai connu plusieurs prouesses. Mais à ce point ! De … bêtise, c'est bien la première fois.

- Vous êtes indulgente. Juste une sottise ?

Elle m'interrompt. Ne rajoutons pas une couche.

Elle vérifie notre mémoire en réplique. Au fur et à mesure qu'elle tourne les pages, elle s'adoucit. Elle n'a plus aucune agressivité larvée contre moi.

Suis-je redevenu normal ? Elle me sourit.

Au bout de trente minutes, elle me demande avec une pointe d'admiration.

- Vous avez déniché tous ces éléments seul ?

- Seul et avec l'aide de quelques personnes.

- Félicitations ! C'est un modèle de compétence juridique. Le Tribunal appréciera.

Relâchée, elle complète son jugement sévère et sans complaisance sur son confrère.

- Je suis désolée pour son travail écorné. Je suis atterrée par sa conduite innommable. Ses mails outranciers et le peu de suivi de votre dossier sont lamentables. Je confirme. Il risque la radiation et l'obligation de vous verser des dommages-intérêts.

Elle me le confirme. J'ai le droit de me servir du mail de Lacrouts : « *Le service de l'urbanisme était favorable à la délivrance de votre permis. C'est la hiérarchie ou les élus qui n'ont pas souhaité vous l'attribuer.* »

- JAMAIS ! Je ne vous l'aurais écrit. Il a été très maladroit ! Mais je vous aurais défendu avec honneur, conscience et désintéressement. En tout cas, la révélation qu'il vous a confiée, renforce considérablement auprès du TA la crédibilité de votre droit de réponse du 20 février 2010, adressé à la mairie de Cannes. Son courriel a de quoi pour confondre la couardise de *la hiérarchie ou les élus*.

L'article où Brochand le teigneux traite des gens de criminels ? « Il doit également être inséré. »

- N'adjoignez pas de commentaires. Laissez le Tribunal apprécier ce mot franchement déplacé.

Elle regrette son amateurisme. Elle est critique pour son peu d'effort de recherche dans l'analyse des deux cas de jurisprudence. Après un moment d'hésitation, elle me conseille de les consulter à la bibliothèque de la faculté de Droit de Nice.

L'explication du fonctionnement au TA achevée, elle m'avertit.

- Vous avez réussi à tenir jusqu'à présent. **Ne commettez surtout pas l'irréparable.** Si je mets de côté les deux cas de jurisprudence, vous obtiendrez gain de cause. Déposez bien votre mémoire au TA lundi prochain dernier délai.

Une heure soigneusement facturée. Mais, nous ne pouvons plus perdre pour une erreur de forme.

Nous imprimons notre mémoire, dans les formes, en quatre exemplaires.

***

Le lundi 10 février, la grève du personnel de la faculté de Droit gâche ma curiosité.

Le lendemain, un chauffard grille le feu rouge et fracasse ma voiture. Mon besoin de recherches est à nouveau brisé.

Ainsi, le 13 février, angoissés, nous remettons notre mémoire. Nous craignons trop un report de la clôture d'instruction fixée au 28 février.

***

La réponse Chronopost de l'Ordre des Avocats de Nice nous parvient le 14 février. Soit près d'un mois après mon passage dans leur antre austère.

Accrochez-vous bien !

Madame,

« *En mains votre courrier du 14 janvier dernier dont je transmets la teneur à Maître Lacrouts aux fins de recueillir ses observations qui me permettront de traiter votre réclamation.* »

A-t-elle bien lu notre courrier, la lettre et les mails fautifs de Lacrouts ? Elle balaie d'un revers de main le motif principal de notre plainte.

L'urgence de la réception du mémoire.

Si nous avions attendu docilement la réponse de l'Ordre des Avocats, à cette heure-ci, notre ex-avocat au nom prédestiné, continuait, avec un plaisir malsain à resserrer l'étau jusqu'au 28 février.

***

Le 1ᵉʳ mars, l'Ordre des Avocats confirme sans vergogne l'existence d'une justice à deux vitesses.

Une justice solidaire pour les puissants, une parodie de justice pour la plèbe.

L'Ordre des Avocats de Nice, si imbu de lui-même, ne cherche même pas à le masquer.

« *Maître Lacrouts s'est dessaisit de votre dossier le 17 janvier 2011, or la date de dôture de l'instruction étant fixée au 28 février 2011, vous aviez le temps de choisir un autre conseil.* »

Remarque claudicante, méprisable et minable.

La suivante ? À gerber.

« *Par ailleurs mon confrère n'a plus souhaité assurer la défense de vos intérêts compte tenu de l'attitude alors adopté par M. Hajos qui ne pouvait être tolérée.* »

Je suis pendable de mon attitude et de ma riposte à son discours injurieux et diffamatoire prouvé dans ses écrits inadmissibles.

Attention Mesdames ! Un avocat vous tabasse et vous viole, surtout ne lui dites pas : MÉCHANT !

Maître Lacrouts n'est ni responsable, ni coupable.

Encore plus fort qu'une ex-ministre socialiste.

INTOUCHABLE

Obtint-elle une réponse crédible à son mail ?

« 3 janvier 2011 12h56 *J'ai bien reçu le mémoire en défense, je vous l'adresse par mail.* »

- Jérôme ! Comment peux-tu confondre le présent avec le futur périphrastique ?

Obtint-elle une réponse plausible à son mail *assassin* du 4 janvier 2011 ? (Page 90)

- Jérôme ! Comment as-tu pu pérorer tant de bêtises en si peu de mots ? T'es CON ? Ou, as-tu égaré tes capacités intellectuelles pour faillir à ce point à tes obligations de moyens ? Es-tu conscient que tes écrits diaboliques les ont avilis et diffamés ?

Sa lettre, empreinte de supériorité et de suffisance, rejoint la vanité des mails de Lacrouts.

Nous répondons le 15 mars 2011 avec une bonne dose de courage à son arbitrage plus que faussé. Un verdict dans le style des grands procès Staliniens.

Nous contestons avec la plus grande fermeté sa décision biaisée. Elle nie et récuse nos accusations fondées et prouvées. Elle n'approfondit pas ses investigations. Elle s'oppose au débat contradictoire et n'instruit qu'à décharge. Le verbiage de Lacrouts lui suffit amplement.

Je jure comme avocat d'exercer mes fonctions avec dignité, conscience, indépendance, probité et humanité

Le serment d'avocat est-il un simulacre ?

La profession est-elle réglementée ?

***

Tourmenté par les deux cas, Louveciennes et époux Ody, pressé ma femme, également perturbée, je me rends à la bibliothèque de la faculté de Droit de Nice.

Que de beaux souvenirs ! 69 ! Année érotique.

La bibliothécaire, tout en écoutant nos avatars, consulte sans succès, les sites Légifrance et Dalloz.

Elle partage la stupeur de Maître Veyrac. Elle compatit à notre détresse. Je lui ai montré les mails délictueux afin d'éviter d'être traité de marteau.

Persévérante, elle se connecte sur le Lamy.

Quelques minutes plus tard, elle sursaute.

- J'ai trouvé le cas époux Ody !

« La mairie de Perros-Guirec utilise l'article R111-21 pour justifier un refus de permis de construire le 26 juillet 1978. »

Fébrile, je sens la catastrophe proche.

« Le TA de Rennes donne raison à la mairie de Perros-Guirec par jugement du 4 février 1981. »

Je suis effondré. Tout notre travail réduit à néants. Cima, avec la complicité passive ou active de Lisnard et de Brochand, possède t-il finalement un pouvoir discrétionnaire pour laminer notre projet ?

Livide et pétrifié, ne pouvant lire la suite, je m'apprête à quitter les lieux tandis qu'elle continue la lecture à voix basse. Vaincu par le stress et la fatigue, je m'éloigne en titubant.

- Le Conseil d'État, Section du Contentieux, décide le 9 novembre 1983, qu'en l'absence de prescriptions spéciales… Elle nettoie ses lunettes.

Après un long silence qui augmente ma torpeur, elle me sourit, se redresse fièrement, pose ses lunettes et, le visage épanoui, déclame fièrement.

- L'arrêté du maire de Perros-Guirec est annulé !

La timide libérée applaudit. Je ne réalise pas.

Un étudiant, un futur pénaliste de la même veine qu'un Dupond-Moretti ou un Collard tance.

- Lacrouts ! Il mérite 600 paires de gifles.

Une autre étudiante, également futur pénaliste, s'entraîne pour le concours d'éloquence.

-Maître **Lacroooute** ! Faire de grandes études, ça n'empêche pas d'être idiot.

Les étudiants, agglutinés autour de moi, me félicitent. Scandalisés, ils scandent :

Lacroute ! Démission ! Le peuple aura ta peau !

Le cas Louveciennes, celui qui nous a aussi tant angoissés, est hors sujet. C'est dire ! Notre permis de construire était irréprochable.

Le viol de la loi commis par Gilles Cima avec la complicité évidente de David Lisnard et de Bernard Brochand est une véritable tâche de la honte pour la mairie de Cannes.

Je les maudits ! Les parasites de la politique.

Il n'y avait aucune cause réelle et sérieuse pour refuser de nous délivrer notre permis.

Lacrouts, le sauveur des âmes en détresse, est également une tâche de la honte pour sa profession. Il nous a abaissés er méprisés de surcroît. Son comportement abject et ses mails exécrables sont une cause réelle et sérieuse d'exiger sa radiation.

22

Jean Rage, la voix déformée, synonyme de problèmes à résoudre, résonne à nouveau en avril 2011.

- Vous ne serez jugés que l'année prochaine. Le TA doit traiter en urgence l'expulsion des Tunisiens entrés illégalement en France.

- C'est quoi cette blague ?

- Écoutez-moi ! Utilisez le mail odieux de votre avocat et le cas époux Ody. Montrez la différence de traitement dans les délais en citant le centre Costanzo de Nice. Mettez la pression sur le TA.

Le soir même, je découvre les multiples actions entreprises par les habitants du quartier populaire afin de conserver en l'état actuel le centre Costanzo.

Le permis, comme le nôtre, donne l'impression de respecter les règles du PLU. Pourtant, l'avocate des opposants à la destruction du centre de médecine déploie une énergie redoutable. Elle empile articles sur articles dont l'arme sadique R111-21.

Le travail essentiel de l'avocate consiste-t-il à développer un maximum de contradictions ? Peu importe qu'elles soient vraies ou fausses. Puis, sans la moindre gêne, de prétendre sans le prouver à des erreurs de calcul de l'architecte.

Le pauvre ! Il méconnaît les distances à respecter de toute construction nouvelle par rapport aux monuments historiques. Bouygues choisirait-il un architecte ne sachant mesurer ?

Grâce à l'apprentissage express du Droit de l'Urbanisme, j'estime tous ces arguments, aussi fouillés soient-ils, peu fondés.

Le TA de Nice, la Cour d'Appel de Marseille, le Conseil d'État confortent mon analyse.

Comme ils furent rapides pour conclure.

L'avocat du *maçon*° est-il en panne de dossiers ? En tout cas, il est sacrément plus efficace que Lacrouts.

Les riverains ont trois fois perdu. Sont-ils vraiment vaincus ? Nice-Matin avait bien anticipé.

Une *solution à portée de signature* est entrain de couver.

Le Centre Costanzo ne fut pas démoli. La Fondation Lenval qui vendait le Centre a obtenu gain de cause. Le Promoteur récupérera un autre terrain.

Estrosi est-il plus humain que Lisnard le snobe ?

° En 1987, à l'émission de Michel Pollac, un croquis avait fait scandale. *Une maison de maçon… une télé de m.*

Je harcèle le TA. Sans succès. Les preuves sur la magouille de la mairie de Cannes et du serment bafoué de notre ex-avocat n'ont aucun effet.

En début mai, la greffière nous informe. « Notre dossier, instruit depuis deux mois, sera jugé dans le courant du mois de septembre. » La date tardive ne nous convient pas. Je continue à marteler.

Lourdement même. « *Pour deux citoyens français maltraités injustement par la mairie de Cannes, le TA, comme notre ex-avocat Lacrouts, n'a donc pas matériellement le temps de s'en occuper. Nous pouvons attendre.* »

***

J'ai à peine le temps de souffler les bougies, qu'en ce 9 mai 2011, jour de mon anniversaire, la lettre de l'Ordre des Avocats répond à notre courrier daté du 15 mars. Une réactivité Lacroustique ?

« *En premier lieu, je tiens à vous préciser que je n'ai pris partie pour personne dans ce dossier, simplement, j'ai été saisie de certains griefs de votre part et j'ai obtenu réponse de mon confrère, Maître Lacrouts, réponse que je vous retranscrivais dans mon courrier du 1ᵉʳ mars dernier.* »

Comment ose-t-elle coucher dans le marbre un tel mépris ? Bien sûr ! Elle aurait dû prendre partie et trancher en toute impartialité. Comparer une tromperie caractérisée au fait d'avoir raccroché au téléphone, c'est pire qu'indécent. Outrageant !

« *Ce qui vous laissait le temps de choisir un autre conseil, ce qui n'est absolument pas erroné, ni non sérieux comme vous me l'indiquez, mais tout à fait envisageable.* »

Ah bon ! Changer d'avocat c'est aussi aisé que de choisir un autre médecin ou coiffeur ?

La facture pour s'opposer au viol de la loi de la mairie de Cannes est sacrément salée. De plus, peu efficace quand le Mont Blanc de l'avocat tombe en panne de cartouche. Alors que…

La coupe chez le coiffeur ! 5000 euros ?

La visite chez le médecin ! 5000 euros ?

Peut-on encore faire confiance aux avocats ? Si le Bâtonnier Ledonne de l'Ordre des Avocats de Nice, refuse une confrontation Uniquement pour *sauver* l'avocat Lacrouts à la causette délirante et à l'écriture chancelante.

***

Je suis tellement épuisé et à cran, *le mec sérieux c'est Lacrouts,* que j'erre dans les rues de Nice. De retour à l'Agence, je réponds à l'appel d'une voix morne.

- Nous avons réussi à vous faire passer le 16 juin. **Ne commettez surtout pas l'irréparable !** me met en garde la greffière du TA.

Comment ma femme est-elle parvenue à convaincre la greffière avec un seul appel ?

Alors que je l'avais contactée à maintes et maintes reprises, à cor et à cri, en vain. Craignait-elle pour la vie de Lacrouts, de Cima, ou de la mienne ?

Nous qui fûmes tant méprisés !

Par celui qui a péché ! Dit un jour à notre Agence le père Gil Florini, en saluant Ledonne.

23

Vers midi, soit avec plus de deux heures de retard en raison du traitement accéléré des Tunisiens entrés illégalement en France, nous pénétrons dans la salle.

La dizaine de plaignants acquiescent le souhait du Tribunal, excepté Maître 300/600 euros. Ce dernier doit justifier ses honoraires cinq étoiles en présence de sa cliente fortunée.

Les autres sont très pingres dans leur défense.

- Je m'en tiens aux écritures !

Dans trois dossiers, dont celui du multiple étoilés, le rapporteur met en évidence le rôle primordial de la DTA pour justifier sa décision.

Contrairement à notre cas, l'analyse du rapporteur public corrobore les mémoires en défense des mairies attaquées injustement.

Maître 300/600 euros l'heure, KO debout ! Malgré un long verbiage impressionnant dans la forme.

Le soliste du débit creux n'a pas réussi à rendre la zone inondable, où se trouve l'immense terrain de sa cliente, en zone constructible. L'année dernière, dans ce lieu gorgé d'eau, un hélicoptère récupéra in extrémis un couple angoissé, assis sur le toit de la maison. Le dernier endroit où leurs pieds étaient encore à sec. Pas de jackpot pour la cupide. Son baveux a gonflé sa tirelire XXL S'il n'a aucune obligation de résultats comme l'atteste le contrat, en revanche, il aura prouvé qu'il a mis toute sa science et son énergie, si ce n'est toute sa probité, au service de sa cliente. L'adepte des téléréalités l'a chaudement félicité. On peut être riche et idiot.

Je jubile. Ma femme calme mon enthousiasme. Elle a bien noté comment un maire couillonne un pauvre bougre. Il a bossé durement toute sa vie pour acquérir sa maisonnette sans prétention. L'élu construit un dépôt polluant et bruyant juste à côté de sa demeure. Il n'imagine pas l'indemniser. Son avocat prétentieux, face à une telle injustice, dit au juge : *Je m'en tiens aux écritures !*

De quoi soulever notre indignation.

Nous sommes les derniers à être jugés.

Le rapporteur énumère en priorité tous les points que nous avions sortis de terre. Il continue sur l'aspect du quartier et, d'une voix légèrement moins monocorde ou, est-ce juste mon imagination, conclut sur les bow-windows.

Nous avons gagné !

Nous avons démontré que 2+2=4

J'attends moins crispé, la décision du jugement fixé au 30 juin 2011.

Mais avec une rage folle.

Cima ne croyait pas à ce qu'il nous disait dès notre première rencontre. Il avait effacé du fronton de la mairie : Liberté Égalité Fraternité par la phrase culte extraite de la Divine Comédie de Dante :

Vous qui entrez ici, Abandonnez toute espérance.

La crapulerie de Cima, avec la complicité d'autres élus et de juristes, a bloqué notre projet de près de trois ans avec des conséquences que nous sommes loin d'imaginer.

Même si la conduite de notre avocat est indigne, aux États-Unis, il est condamné très lourdement et risque la prison, d'après un avocat d'affaires de Nice, jamais nous ne l'aurions croisé si la mairie n'avait pas commis un détournement de pouvoir pour nous *étouffer* et nous *rejeter.*

Notre deuxième passage au TA de Nice confirme notre première impression. En plus des maires qui devraient être relevés de leurs fonctions, les avocats qui flétrissent la robe noire qu'ils endossent sont priés de les rejoindre.

Que dire de la Justice !

Partiale et de mauvaise foi, parfois. Nous venons d'en avoir plusieurs preuves.

24

En ce mois de juillet 2011, la veille de la fête nationale, nous lisons avec fébrilité la décision du TA de Nice.

Le permis précédent, sur un terrain parfaitement constructible, fut annulé pour une erreur de droit de la mairie de Cannes. Uniquement. Tous les autres griefs, *une avalanche de remarques farfelues ou peu crédibles*, furent rejetés vigoureusement.

Le Tribunal constate. Le retrait du permis tacite est intervenu hors délai. Cima ! Mauvais et bête.

Le Tribunal vérifie si les dispositions utilisées par la Commune de Cannes sont justifiées.

- Aucune prescription particulière ne restreint la hauteur.

Un argument trouvé par notre unité d'élite.

- La rue Roquebilière, située dans une zone urbaine dense, doit suivre les instructions de la DTA.

Une autre preuve découverte par nous-mêmes.

- La zone UA se distingue du secteur UAb où l'habitat traditionnel est préservé. L'habitat hétéroclite prédomine dans la rue Roquebilière.

Une démonstration précise traitée après des nuits sans sommeil.

- Le projet respecte l'ensemble des éléments de prescriptions définis à l'article UA11.

Merci les nombreuses aides.

- La mairie s'est dégonflée. Elle n'a pas contredit officiellement l'Architecte des Bâtiments de France.

Les bow-windows du Carlton ont de l'allure.

Le Tribunal exige la délivrance d'un certificat de permis de construire.

Alors ! Lacrouts. Vous l'ignoriez ? Comme tout ce qui est indiqué ci-dessus ? Ou c'est pour chauffer notre carte bleue.

- L'article R111-21, pas plus que les dispositions de l'article UA11 ne restreignent l'appréciation à porter sur l'insertion d'un projet dans son environnement aux seuls bâtiments jouxtant le projet, ni ne retiennent la notion « d'îlot de propriétés ».

Notre brillant mémoire rédigé, d'après Maître Veyrac, avec classe et précision.

Obtenions-nous gain de cause en nous contentant du mémoire lacunaire de l'incompétent ?

J'en doute ! Le jugement du 4 février 1981 du TA de Rennes prouve que la beauté est subjective.

Notre joie est éphémère.

Nous dépendons d'un certificat de permis de construire. Nous sera-t-il bien remis au plus tard le 13 septembre ?

Nous dépendons de la mairie de Cannes. Elle peut faire appel le 12 septembre.

Cima le médiocre, avec l'indifférence d'autres élus, a tant démontré sa capacité de nuisance.

***

Faut-il s'insurger ou rire de la lettre du 25 juillet 2011 de Maître Cécile Antelmi en réponse à notre courrier du 17 mai 2011 ?

« Je ne peux que vous renvoyez aux termes de mon courrier du 9 mai dernier. »

Libre à vous de comparer la position de l'Ordre des Avocats envers celui qui avait refusé de mettre un genou à terre, avec le mail de Maître 600 ou le mot *criminel*, laissé à l'appréciation du Tribunal.

***

13 août 2011. David Lisnard, le 1ᵉʳ maire Adjoint, signe le certificat de permis de construire.

30 septembre 2011. La Cour Administrative de Marseille nous le confirme.

La mairie de Cannes ne fait pas appel.

Fin novembre 2011. Les délais de recours de la mairie, des voisins et de la Préfecture sont purgés.

Nous affichons avec beaucoup de tristesse notre panneau de commercialisation.

***

En janvier 2012, à bout de souffle, en manque d'énergie, nous constatons l'étendue des dégâts provoqués par la décision *criminelle* de Cima.

- Toutes les réservations sont annulées.

- Les normes sismiques, plus draconiennes, nous obligent à entreprendre de nouvelles études de sol.

- Les nouvelles normes de construction, plus contraignantes, nous forcent à déposer un permis de construire modificatif.

Ceci est essentiel !

Pour le financement de la construction et pour l'obtention de l'assurance dommages-ouvrages et **de la garantie d'achèvement des travaux.**

Tout est remis en cause à cause d'un prétendu pouvoir discrétionnaire et d'un nouvel appel de Jean Rage.

« Ce sont des très mauvais perdants ! Ils vous empoisonneront la vie. À votre place, je vendrai le terrain avec le permis. Mais si vous tenez vraiment à les attaquer, ne vous faites pas trop d'illusions. Ils sont très soudés pour prospérer ensemble. »

25

Depuis que la Préfecture a transféré aux mairies le pouvoir de délivrer des permis de construire, plusieurs maires ont abusé de leurs prérogatives dont celui de Cannes. Avec un éclat retentissant.

Mon amère expérience auprès des Tribunaux jusqu'en 2021, suite à la décision scandaleuse de la Cour d'Appel de Marseille, m'autorise à suggérer une modification profonde du fonctionnement de la Justice sur un cas bien précis.

L'article R111-21

Ma proposition offre un triple avantage.

Elle désengorge les Tribunaux.

Elle évite de croiser trop d avocats indélicats.

Elle redonne le sens de l'intérêt général aux élus.

Si une mairie refuse de délivrer un permis de construire en appliquant l'article R111-21, sans raison valable, elle doit assumer les conséquences financières sur le champ.

Si une mairie a transgressé les règles écrites, elle doit assumer également la conséquence pénale pour détournement de pouvoir sur le champ.

Pourquoi une indemnisation immédiate ?

Le gouvernement de Monsieur Macron a pondu une loi en faveur des Promoteurs et des maires. Dorénavant, ils contrent, avec efficacité, les riverains tentés de faire des recours fantaisistes.

Deux Promoteurs, l'un de Nice, l'autre de Cannes ont carrément exigé 1 et 20 million d'euros, à des entêtés. Deux projets qui respectent le PLU.

Les furieux de mauvaise foi se sont assagis.

Si ceci vaut pour les riverains, il doit s'étendre pour les maires déloyaux. Avec plus de vigueur.

Nous évitons, ainsi, la nuisance des avocats. Ils sont prêts à bondir pour nier, avec un culot monstre, la faute criarde de la mairie, quitte à défoncer l'adversaire. Ils produiront à foison des cas de jurisprudence, l'un plus inepte que l'autre.

Le cas Époux Ody le démontre parfaitement.

En effet, un Promoteur sérieux et responsable a chiffré avant le dépôt de permis de construire la faisabilité du projet. Il connaît les coûts de la construction, de la commercialisation.

Il peut comparer les réalisations des architectes ainsi que le montant de leurs honoraires. Idem pour les ingénieurs béton, les contrôles de qualité, les autres intervenants indispensables, chaque fois plus nombreux, en raison du renforcement des normes.

En fonction du quartier, le Promoteur module les prestations qu'il envisage. Du simple au luxe.

Enfin, par rapport à la qualité du sol et du prix du terrain, il prévoit bien les profits qu'il engrangera.

Nous avions agi en tant que Promoteur social et responsable. Nos prestations, par rapport à la concurrence proche, étaient largement supérieures. (Peinture lisse aux murs et non des fines gouttelettes. Baies coulissantes dans le séjour et non ouverture à la française…) Nos prix plus compétitifs.

Notre permis avait respecté toutes les règles de l'urbanisme sans quémander la moindre dérogation.

Il n'y avait aucune cause réelle et sérieuse pour s'opposer à la délivrance de notre permis. Nous avons donc subi un préjudice direct et certain. Ainsi qu'une double perte de chance. Nous étions en contact pour un terrain situé à Nice.

La qualité de notre permis et le respect des règles ont été confirmés par les experts de la mairie qui maîtrisent l'urbanisme. Ainsi que par un juriste.

« Le service de l'urbanisme était favorable à la délivrance de votre permis. C'est la hiérarchie ou les élus qui n'ont pas souhaité vous l'attribuer. »

Votre bien dévoué, Maître Lacrouts.

Monsieur Cima, le maire Adjoint à l'Urbanisme, l'avait aussi admis, avant qu'il ne viole la loi.

« Lors du débat du 19 février 2010 Cima nous confirma que notre permis respectait le PLU. »

Un maire ne peut refuser un permis de construire pour faire plaisir à des voisins électeurs ou parce qu'il considère que les bow-windows, c'est laid.

Si on ne peut le condamner pour faute de goût, il l'est pour abus de pouvoir, pour rupture d'égalité entre tous les Promoteurs et nous-mêmes.

Le journaliste de Nice-Matin, en plus de signaler notre respect des règles de l'Urbanisme, coucha en caractères gras ce qui m'avait fait sortir de ses gonds. Tant la mauvaise foi des voisins et de leur avocate était évidente.

JE NE PEUX PAS PERDRE !
JE SUIS DANS MON DROIT !

J'exige deux millions d'euros de dommages-intérêts

***

En fait, le chiffre 2 millions n'était pas si anodin.

Si notre permis de construire avait été remis en septembre 2009, selon l'expérience de l'instructeur, l'opération nous rapportait 1 million d'euros.

Seule notre Agence avait la commercialisation.

Dans notre SCI mon épouse assurait la gestion, tandis que j'avais la responsabilité du choix des entreprises, le suivi du déroulement de l'opération, y compris le contrôle du chantier.

Naturellement, j'étais assisté de l'architecte à qui un contrat en bonne et due forme avait été établi. Depuis la préparation des plans du permis de construire jusqu'à l'achèvement des travaux.

Je le remercie pour son assistance lors du débat du 19 février 2010 avec Monsieur Cima. Ce dernier **confirma que notre permis respectait le PLU.**

Toutes les études de faisabilité avaient été ré effectuées pendant la dépose du nouveau permis après celui recalé pour un permis de démolir.

L'étude du sol avait été également mise à jour.

Le bornage contradictoire réalisé.

Nous avions payé tous nos intervenants.

La banque avait approuvé notre bilan prévisionnel avant de nous accorder son concours financier. **Une fois le permis obtenu et purgé de recours.**

Le banquier avait remarqué la crédibilité des devis détaillés des intervenants. Il apprécia notre choix pour des entreprises locales, certes un peu plus chères, mais ayant une excellente notoriété. De même notre prudence. Le ratio, au poste Aléas, indique 5% .C'était notre première réalisation.

En remettant en même temps que notre mémoire en défense notre demande de dommages-intérêts, nous responsabilisons les maires. Ils ne se planquent plus sous un bureau. N'est-ce pas Cima !

Pourquoi l'autre million ? Préjudice moral.

Si le juge tranche en toute bonne foi, la sanction financière s'appliquera immédiatement. Prétexter que les bow-windows, *C'est laid !* Même en accusant ceux du Carlton, c'est un peu trop léger.

Pour la sanction pénale, c'est au juge d'apprécier, comme aux architectes de définir ce qui est compatible avec l'Urbanisme, ou aux professionnels du cinéma de choisir les candidats du prochain James Bond en rapport avec le rôle.

Je ne suis pas Juge.

Je n'ai pas l'âme d'un Marat ou d'un Saint-Just.

Juste un citoyen qui n'admet pas qu'on lui mette des bâtons dans les roues d'une manière crasse.

Avec une demande immédiate d'indemnisation, les juristes de la mairie se tiendront à carreau.

Ils ne contrediront pas les règles du PLU qu'ils ont eux-mêmes rédigées.

Des règles que nous avions respectées.

Ils n'oseront jamais donner des exemples farfelus, faux et trompeurs comme un avocat en est capable.

Eux ! Ils connaissent parfaitement les consignes. Ils doivent absolument appliquer les directives de la

DTA. Des directives valables pour **TOUS** les Promoteurs sans discrimination.

Notre projet se trouvait bien dans la zone à :

DENSIFIER !

Nous n'avions commis aucune faute.

AUCUNE !

Nous ne devons surtout pas partager l'entière responsabilité de la très grave faute commise par la Ville de Cannes.

Une faute impardonnable et inexcusable dont elle est entièrement coupable et responsable.

Une faute lourde.

Sinon, ils se lâcheront et n'hésiteront pas à imiter la meute d'avocats pour barbouiller n'importe quoi.

N'est-ce pas ! Monsieur Céchetti.

Je ne serai pas étonné s'il échauffe déjà son imagination.

26

La réponse de la Commission de Discipline de l'Ordre des Avocats de Nice du 24 janvier 2012, un an plus tard, confirme ma volonté de modifier de toute urgence les modalités de l'article R111-21.

Elle a l'aplomb de rédiger : « La décision du TA n'a été rendue que sur le fondement unique de la requête déposée par Maître Lacrouts. »

Elle couvre ses agissements infâmes et peu scrupuleux. Elle réduit « nos griefs à des rapports parfois difficiles entre un avocat et son client. »

Maître Lacrouts a-t-il respecté les principes repris dans le décret du 12 juillet 2005 et le R.I.N. ?

Maître Cécile Antelmi ! Avez-vous lu :

Déontologie de l'avocat de votre éminent confrère Maître Raymond Martin.

« Les avocats doivent se conduire en hommes d'honneur. L'exercice de la profession d'avocat doit mener à l'honneur et non à la fortune. »

« Il doit respecter les délais. »

« Il est tenu d'obtenir des résultats. »

« L'avocat doit mettre à la disposition du client sa science du droit. »

« Les principes essentiels : dignité, conscience, indépendance, probité, humanité, honneur, loyauté, délicatesse, modération, courtoisie, désintéressement, confraternité, dévouement, diligence, tact, prudence. »

« La méconnaissance d'un seul de ces principes constitue, à elle seule, une faute déontologique. »

La courtoisie doit s'étendre au client qui ne doit pas être traité avec morgue et condescendance, car il vient chercher un secours humain.

L'Ordre des avocats renforce son incohérence.

D'abord, il ne respecte pas les juristes intègres qui ont prêté le serment d'avocat avec honneur.

Il étouffe l'affaire. Il prend la défense d'un avocat qui a accumulé les manquements et les fautes. D'un malotru qui nous a persécutés moralement.

L'Ordre est sourd. Il n'entend pas notre vérité. L'Ordre est aussi obtus et buté que la mairie de Cannes.

Il refuse un débat contradictoire en toute impartialité.

Les défenseurs des terroristes et des politiciens peu recommandables nous condamnent à charge.

Lisez l'article de Maître Alexandre de Konn !

« Afficher dans une publicité ou tout autre document, un label BBC sans en remplir les conditions est pénalement sanctionné. »

« Ce délit est puni de 2 ans de prison et de 37500€ d'amende. (Pour les personnes morales, c'est plus corsé, le quintuple.) »

Afficher sur le site pompeux internet Dutertre-Berliner-Lacrouts des écrits aguicheurs sans en remplir les conditions est également pénalement sanctionné.

« Une grande proximité avec les clients permet à chacun des Avocats de la SCP d'avoir une bonne connaissance de leurs attentes, en y répondant dans les meilleurs délais, le but étant d'être réactif. »

Lacrouts **Réactif !** My foot ! °

Je n'ai donc pas matériellement le temps de m'occuper d'une copie du mémoire, ce qui peut attendre.

À moins qu'à la différence de Roger Bastoni, clef d'or au Majestic où il n'y a pas de place pour un ensuqué dans la Conciergerie, le « **Courriel toc** » fait partie de la panoplie de l'avocat.

Avocats ! Une race de Justiciers en perdition.

° Mon œil !

27

En janvier 2012, nous l'admettions. La décision *criminelle* de Cima rend la tâche ardue. Un an plus tard, les conséquences sont pires. L'appel de Jean Rage était si juste. (Page 132) Tous les deux épuisés, nous vendons le terrain avec le permis.

En fait ! Un soulagement. Des Promoteurs et d'autres sociétés en lien avec la construction, ruinés par la crise, se sont suicidés.

Malgré la réticence de mon épouse, nous attaquons la mairie de Cannes.

Trouver à Nice un avocat compétent et intègre s'avère une tâche complexe. Leurs prétendues obligations de moyens, merci, j'ai testé. L'ardeur, la réactivité, le dévouement… *Paroles et paroles*…Si un paraissait plus valable, il hésitait de trop *cogner.* Il a quitté Paris récemment. Il veut se constituer une clientèle. Au moins, il est direct. Il ne mentionnera pas détournement de pouvoir.

Finalement, une avocate de Marseille, une fois la demande préalable rejetée, demande réparation.

Sur le fondement de la responsabilité de la commune de Cannes pour agissement fautif.

- 40 000€ pour les frais déjà engagés et **payés**, nécessaires à la bonne marche de l'opération, avec les interêts de droit…

- 900606€ au titre du bénéfice escompté de l'opération immobilière, avec les interêts…

- 30000€ au titre du préjudice moral et commercial, avec les interêts…. *(Elle a refusé 1 million€)*

- de mettre à la charge de la commune de Cannes la somme de 2 000 euros au titre de l'article L. 761-1 du code de justice administrative ;

Je ne détaille pas. Vous connaissez l'historique.

Notre juste plainte a été confirmée chaque fois par des cas de jurisprudence concrets et pertinents.

Des cas qui démontrent, chaque fois, la faute **directe et certaine** de la Ville de Cannes.

Ci-joint seulement celui trouvé également par moi-même. Un cas qui correspond au nôtre. Enfin, presque. À la différence de ce Promoteur, nous ne sommes jamais sortis des clous. Un cas qui prouve que Maître Karine Pelgrin travaillait bien pour nous.

Sa remarque *détournement de pouvoir* l'atteste aussi.

« Enfin, il est à relever, hélas, que l'histoire se répète et que la ville de Cannes soit coutumière en la matière.

En effet, par une décision n° 255235 en date du 17 décembre 2003, le Conseil d'Etat a considéré que :

Article 2 : La COMMUNE DE CANNES versera à la SNC Cannes Esterel, à titre de provision, une somme de 1 500 000 euros.

Bien évidemment cette jurisprudence s'applique en l'espèce.

De la sorte, il ne pourra qu'être fait droit aux demandes de la requérante. »

***

Même si nous n'avions pas poursuivi la ville pour son erreur de Droit, l'avocate remonte les faits à 2006. Une précision afin de mieux saisir la perfidie de la mairie de Cannes et la mauvaise foi des avocats de la partie adverse.

Ce terrain, comme les autres parcelles situées dans la rue Roquebilière, a toujours été constructible.

° Je ne suis pas autorisé à aller sans avocat comme au TA en 2011. Dans ce cas, le mode de fonctionnement de l'Ordre des Avocats doit être revu.

28

La mairie de Cannes avait sorti *l'arme fatale*, Époux Ody, pour nous refuser de nous délivrer le permis de construire. Le pistolet s'était enrayé.

Cette fois-ci, Alain Ramy joue les Américains : *Star Wars*. Il en balance 23 ! 23 pour prouver leur innocence, leur virginité face à ceux qui ont commis des fautes inqualifiables. **Des violeurs !**

Qui est Alain Ramy ? Le preux qui a rejoint la liste des soutiens à David Lisnard ? Ce cher Alain Ramy qui retrouve chez David la même générosité que chez son père et son grand-père.

Dommage ! Nous ne nous en sommes pas aperçus.

Ce cher Alain Ramy qui prétend que la rumeur est le cancer de la démocratie quand des personnes mettent tous les politiciens dans le même tas: **Tous pourris !**

Alain Ramy est l'ancien vice-président du TGI de Grasse en charge de la correctionnelle.

Le phraseur s'est engagé auprès de David Lisnard le très généreux, car il ne faut jamais oublier la présomption d'innocence.

Ainsi, Ramy, l'acrobate du Droit, transforme l'affaire retentissante à Cannes et à travers toute la France, comme l'atteste LE POINT dans son article du 22 janvier 2014 à 22h34, en un simple fait divers.

L'affaire de l'association des amis de Cannes, très très proche des élus de Cannes.

Christophe Santelly-Estrany (le Colonel), 2ème adjoint du maire, juste derrière David le magnanime, Philippe Lavaud, vous connaissez l'hurluberlu, et d'autres sont mis en examen pour : favoritisme, inexécution d'un arrêté préfectoral et délivrance frauduleuse d'une autorisation administrative. L'élue UMP Nadia Moussalem, conseillère municipale de Cannes, est mise en examen pour trafic d'influence actif dans le cadre de son mandat.

Notre donneur de leçons de Droit commence très fort dès la page 3 de leur mémoire.

« Au regard des dispositions de l'article 24 de la loi n° 2000-321 du 12 avril 2000, relative aux droits des citoyens dans leurs relations avec les administrations, la ville de Cannes aurait dû nous inviter à présenter nos observations écrites ou orales sur ce retrait. Cette démarche n'ayant pas été entreprise… »

La réunion en mars 2009, vous oubliez ?

Cima nous enfuma 2 mois plus tard.

L'huissier Éric Nicolas, le minutieux de la corporation, constate aux vues du public notre permis n°0602909. L'affiche indique du 19 mars au 19 mai 2010, au lieu du 12 mars au 12 mai 2010. Ah ! L'étourdi.

Il m'envoie, avec la facture jointe, le rapport avec un refus affiché par anticipation au lieu d'un permis tacite. La mairie s'était abstenue de le placarder.

Mairie vertueuse ou magouilleuse ?

Aucun amour propre pour violer la loi

Bassesse, couardise

Ils peuvent nous *mépriser, étouffer, rejeter* et nous traiter comme des *sous-citoyen*s.

Nous n'avons subi aucun préjudice moral. ?

Comment un ancien juge peut-il avoir un cœur aussi sec avec nous, aussi innocents que la pauvre Sarah Halimi, défenestrée, ou le père Jacques Hamel, égorgé, et indulgent avec d'autres.

Dans ce cas, pourquoi la greffière du TA et Maître Veyrac m'avaient-elles supplié de ne surtout pas **commettre l'irréparable** ? Pourquoi ?

Nous avons des raisons sérieuses de nous sentir terriblement meurtris. Et ce, dès le début de la magouille révélée par l'instructeur puis, avec leurs manœuvres dilatoires pour différer de près d'un an leur envoie en mémoire en défense communale.

Et par toutes ces rumeurs qui se répandaient au sujet de l'acquisition de notre terrain. Un, très proche de la mairie, n'aurait pas digéré que nous fûmes les bénéficiaires de ce bout de terrain acquis pour un bon prix de surcroît.

***

Noircir vingt pages de mauvaise foi, de la part d'un ancien juge en plus, ce n'est pas digne. Il méconnaît les techniques bancaires, la vente en état futur d'achèvement. Il prétend qu'aucun lien entre la SARL et la SCI n'existe. Pourtant, il le sait. Dans ces deux sociétés, il n'y a que deux associés, ma femme et moi-même. L'instructeur nous avait exigé des documents confirmés par notre notaire afin de rendre notre permis probe. Il confond devis avec factures. Il affirme que nous n'avons pas payé les fournisseurs. ***Ah ! Monsieur Ramy. Nous sommes présumés coupables ?*** Ses cas de jurisprudence prouvent bien que les 40000 euros peuvent passer à la trappe. Sans vergogne, il oppose notre bilan prévisionnel hyper détaillé à son cas de jurisprudence fantaisiste. Un chiffre badigeonné sur une page froissée. Largement suffisant pour refuser de nous verser le moindre centime sur les 900606 euros requis.

Ces écrits mensongers révèlent bien la nécessité de revoir les règles de l'article R111-21 maudit. Si ce n'est plus pour nous, au moins pour les autres.

En fait, les 23 missiles sont aussi inopérants et grotesques que le cas de jurisprudence Époux Ody.

Citons-en quelques uns.

CE, 7 nov 2001, Mme Bérel, req. n°212383.

Rien de comparable avec nous.

Dans cette affaire, le maire avait agi dans le strict respect des règles. Il n'a pas cherché à les violer.

La mairie de Cannes, par contre, a fait fi de tous les avis favorables. Elle n'a aucune raison crédible de nous refuser le permis de construire. Nous dûmes nous battre pour démontrer notre droit. Tant d'années qui nous ont minés et épuisés.

Notre préjudice subi est personnel, actuel et certain en lien direct avec l'illégalité commise et il y a un lien de causalité directe avec la faute commise.

Pour justifier le non paiement des frais engagés, il nous soumet plusieurs cas de jurisprudence.

Celui-ci ou un autre, ils sont tous similaires.

C.A.A. Marseille, 10 avr.2003, SCI Sanaryville c/Cne de Sanary s/mer, req.n°98MA01754.

La SCI Sanaryville n'a pas réglé les factures pour un travail effectué. Elle rejette les frais relatifs à la SARCV Littoral Cars et à la construction d'une villa sur la propriété GUIS car il n'y a pas de lien de causalité entre ces opérations réalisées en 1986 et 1987, plus de deux ans avant la délivrance du permis de construire illégalement retiré et la faute commise par la commune de Sanary.

Cependant, si le TA de Nice a rejeté toute indemnité, la Cour d'Appel condamne la commune de Sanary à 146.518€ pour réparation du préjudice résultant de l'illégalité commise par la commune de Sanary.

Malgré la faute commise par la Ville de Cannes en annulant illégalement le permis de construire, nous avons fait preuve de notre conscience professionnelle et de notre capacité financière.

Toutes les factures étaient payées. Toutes!

Ce cas de jurisprudence conforte, en fait, la demande justifiée de notre SCI. Il démontre bien un préjudice personnel, actuel et certain en lien direct avec l'illégalité commise par la Ville de Cannes et un lien de causalité.

Notre SARL avait acquis le terrain uniquement dans le but de construire un immeuble.

CAA Nantes, 30 oct. 2001, M.Dutertre, req. n°00NT00581

Le préfet de la Manche délivre un certificat d'urbanisme **négatif** le 28 novembre 1997. Un client potentiel est prêt à acheter le terrain s'il reçoit un certificat d'urbanisme autorisant la remise en état d'habitabilité. Le maire d'Hudimesnil ne délivre pas le permis de construire le 26 mai 1998. L'acquéreur renonce donc à l'acquisition. La CAA de Nantes conclut que le préjudice ne présente pas un caractère certain.

Notre premier permis de construire le 18 octobre 2006 fut annulé à cause de l'erreur de droit de la

Ville de Cannes. Ensuite, malgré aucune opposition du Sous-préfet des Alpes Maritimes pour la rue de Roquebilière, *(Il n'avait pas alerté Cima que le terrain était constructible sauf pour NOUS)* malgré l'avis positif de tous les services concernés, Cima, l'imposteur, exhibe deux motifs crétins, validés par les élus LR David Lisnard et Bernard Brochand.

Le préjudice de notre SCI présente bien un caractère personnel, actuel et certain en lien direct avec l'illégalité commise.

CE 16 novembre 1998, Sille, requête n°175142

Pour réaliser ce programme, il fallait notamment modifier les dispositions du plan d'occupation des sols, obtenir l'accord du conseil municipal et ne pas faire face à une réponse négative de l'enquête publique. Bingo ! **Réponse négative**.

Aucun aléa d'une telle complexité ne pesait sur notre projet. Il respecte depuis le début, toutes les règles de l'urbanisme en vigueur.

Le dernier exemple est bien celui qui fait douter de l'impartialité de la Justice. Selon que vous serez puissant ou misérable…

C.A.A Douai, 4 oct. 2007, Cne du Touquet-Paris-Plage c/SCI Les Dunes d'Opale, req. n° 02DA00656,

Monsieur Léonce Deprez, maire UDF du Touquet, accorde un permis de construire à Pierres et Vacances le 8 juillet 1994. *Champagne à la mairie!*

Le hic! Le terrain est situé dans la zone de nature protégée par la loi littorale de 1986. Second hic! Il n'est pas en continuité à une zone urbaine.

Monsieur Ramy! Entre nous. En off.

N'est-ce pas une double faute professionnelle! Surtout de la part d'un Promoteur chevronné.

Il y a de quoi s'interroger. Des protecteurs de la nature, en tout cas, ont posé la question au maire.

Un an après, le nouvel élu retire le permis.

Conclusion!

La sanction du TA à la ville du Touquet d'un montant de 886 637 €, est majorée à l'Appel. 2.090.493 €, plus les intérêts au lieu du double.

Le maire et le Promoteur étant tous deux fautifs, le juge décrète un partage de responsabilités.

Notre terrain se situe dans la zone Espace-enjeux définie par la DTA. *En effet, la décision de la DTA, au sujet de la bande côtière, fut approuvée le 2 décembre 2003.*

Sommes-nous fautifs? **NON!**

Par contre, la mairie de Cannes s'est bien assise sur l'intérêt public en violant les Directives de la DTA. **OUI! Elle a violé la loi.**

Nous avons subi un préjudice personnel, actuel et certain en lien direct avec l'illégalité commise.

Nous déclinons le jugement de Salomon.

Monsieur Ramy, cessez de voir la poussière qui se trouve dans nos yeux. Commencez par retirer la poutre qui obstrue les vôtres.

Nous aurions commis une faute impardonnable en commercialisant avant la délivrance du permis.

Grotesque et pathétique!

Lors de notre premier depôt de permis, nous avions fait preuve de responsabilité face à un éventuel aléas. D'ailleurs, il fut annulé en raison d'une erreur de Droit de la mairie de Cannes uniquement.

Quant au second permis! Il était irrépréhensible. **Sauf décréter que le cancer de la démocratie, c'est de respecter la démocratie.**

Pointer l'étourderie de notre Expert, corrigée par la suite, est mesquin. .Nous avions budgété les aléas de la construction à hauteur de 5%. Donc de 10% nous revenons à 5%. Le bénéfice gonfle en conséquence. **Il n'y a donc aucune tricherie.**

Votre service juridique est-il aussi méticuleux?

Le mémoire en défense de la mairie de Cannes est la copie du premier. **La mairie soutient mordicus. L'immeuble, en face de notre terrain, n'a que 4 étages et non 5 étages.**

On peut admettre une erreur de frappe la première fois. Mais pas la seconde fois.

La mairie de Cannes a l'art de maquiller délibérément la réalité du quartier.

29

Celui qui s'était fait recalé pour une question de forme uniquement est très sceptique.

- Un ex-juge! Comme moi contre ma ville. Il connaît du monde au TA. T'es mal barré.

- Tu déconnes! J'ai toutes les preuves. J'ai tout payé. Mon bilan prévisionnel est très précis.

- Bon courage! N'oublies pas. Moi! Pour une affaire analogue à la tienne, ce fut zéro euro. Tu les déranges. Tu ne fais pas le poids.

***

Malheur ! Les conclusions du rapporteur public, rédigées quelques jours avant l'audience fixée au 18 mai 2018, démontrent le contraire de MIR.

MAXIMUM DE FAUTES PROUVÉES

MINIMUM DE CONDAMNATION

Le 18 mai 2018, le Tribunal partage les analyses fumeuses de la ville de Cannes.

Nous sommes de piètres gestionnaires.

Notre déficit empire d'année en année.

Nous avons payé toutes les factures, y compris la taxe foncière pour un terrain non bâti. Ainsi, notre déficit dépasse les 44.000 euros.

C'est si difficile à comprendre que nous avions la capacité financière d'honorer les factures ?

Sauf pour Madame Buffet, la Présidente du TA. Droite dans ses bottes, elle déduit que notre projet ne peut être mené jusqu'à son terme. Elle outrepasse sa fonction. Elle doit juger sur des preuves tangibles. Non sur des suppositions. Encore faudrait-il qu'elle instruise à charge et à décharge. Elle qui ne se repose que sur les cas de jurisprudence de Ramy. Tous en leur défaveur, au passage, comme le cas époux Ody.

La ville n'a commis *aucun agissement fautif.*

Préjudice moral : **Zéro !**

Factures : **Zéro !**

Bilan Prévisionnel : **Zéro !**

Le Tribunal de Nice accorde au maire le pouvoir de vie et de mort. Dorénavant, il outrepassera les règles de droit qu'il a lui-même rédigé sur chaque *criminel* qui l'importune. Il n'a plus besoin de prouver.

Le Tribunal de Nice nie les factures payées.

Le Tribunal de Nice nie le bilan prévisionnel.

Le Tribunal nie que dans la SCI et la SARL, ce ne sont que Monsieur et Madame Hajos.

Nous ne sommes pas satisfaits ! Adressons-nous au Conseil d'État. Ah bon ! On ne passe pas d'abord par la Cour d'Appel ?

Attention bande de gueux ! Vous n'avez que 2 mois pour faire appel. Pas un jour de plus. La loi est stricte. Respectez-là ! Nous y veillons.

Le maire de Cannes a le pouvoir de nous faire patienter. Il ne craint rien. La preuve ? La Buffet, aussi rigide qu'une armoire normande l'a confirmé.

Elle a blanchi tous les viols de la loi commis et prouvés par la Ville de Cannes.

Ma réflexion dite bien forte était juste. « *Vos décisions me rappellent les heures sombres d'une triste époque. Un temps où on ne faisait plus la distinction entre un sous-citoyen et une serpillère. Les deux, bons pour piétiner.* »

Mon entourage, surtout ceux qui ont eu affaire à une Justice pourrie et à une cohorte de baveux vils, orgueilleux, incompétents, flagorneurs et véreux, sont de l'avis de mon épouse.

Il faut abandonner !

Je persiste. Je sais. Je suis obstiné. Je crois à la Justice et à l'avocat. La nôtre a exécuté son travail avec conscience et précision. Cette fois-ci, je ne serai pas surpris des écrits de la partie adverse. L'avocat se déchainera avec plus de force, de violence, de mauvaise foi et de cynisme que les juristes de la Ville de Cannes. C'est son gagne pain.

Vivre vaincu, ce n'est pas exister.

30

Cour d'Appel ou Conseil d'État ?

Tous les plaideurs au Conseil d'État sont basés à Paris. J'en contacte une bonne trentaine. Le contact direct avec l'avocat est rare. La secrétaire prend mes coordonnées, l'objet de ma plainte, puis me passe le juriste ou ce dernier me rappelle.

Un m'interrompt immédiatement. « *Je ne veux rien entendre. Il m'arrive de défendre la ville de Cannes.* »

Plusieurs sont étonnés. Il faut d'abord passer par la Cour d'Appel. Ils confirment donc l'affirmation de notre avocate. Ils m'avertissent, un avec beaucoup d'humour : « *En Appel, si vous n'avez qu'un plat de lentilles dans votre assiette au lieu d'un homard à la sauce de Rugy, ne soyez pas trop surpris.* »

Les autres se précipitent. Hélas ! Leur baratin, j'ai donné grave. Je suis rodé. Les secouristes du CE m'empêchent d'exposer notre problème.

Ils pratiquent tous à peu près le même barème. Un premier chèque de 5000 euros est nécessaire. Notre cas semble ardu. On avale vite les kilomètres. Remplissons le réservoir. *Votre affaire, hélas, est très mal emmanchée. Elle nécessite des recherches considérables ! ajoute-t-il en prenant un air compassé.* (Page 103)

Au CE, le juge compare les arguments des avocats respectifs, si j'ai bien compris. Dans ce cas, mon avocat oublie d'insérer les bonnes pièces.

Un pompier a des obligations de résultats. Nous connaissons les moyens techniques mis à sa disposition. Mais c'est surtout son dévouement qui coule dans ses veines qui permet de sauver des vies.

Mon garagiste est-il plus fiable qu'un avocat ? Le mien me l'a certifié. Les freins fonctionnent. Il ne déconne jamais. Pour lui, le respect de la vie de ses clients passe avant ses obligations de résultats.

Un baveux n'a aucune obligation de résultats.

C'est bien précisé dans le contrat. Nous sommes condamnés à ses obligations de moyens. S'il passe outre, ce n'est pas grave. Il a le soutien de l'Ordre des Avocats. N'est-ce pas Maître Cécile Antelmi ?

« Je n'ai donc pas matériellement le temps de m'occuper d'une copie du mémoire ; ce qui peut attendre. »

J'ai donné. Mon ami de Nice, François Rataj, aussi.

Aucun ne peut me garantir par écrit mes chances de succès ou d'échecs. « ***Faites-moi confiance !*** »

Seul un me donna la force de croire encore à notre bon droit. La secrétaire aussi vive que son boss, en captant les mots : Pierres et Vacances, me le passa de suite sans prendre mes coordonnées.

« *Incroyable ! Votre terrain est sur une zone Espace-Enjeux ! Vous aviez déjà obtenu un permis annulé pour une erreur de Droit de la mairie ! Vous êtes tombé sur la bonne personne ! J'ai défendu Pierres et Vacances.* Remis de sa surprise, il ajoute, *je vous conseille de vous adresser d'abord à la Cour d'Appel.* »

***

Malgré les suppliques de ma femme, nous allons en Cour Administrative d'Appel de Marseille le 18 juillet 2018.

Vous voulez connaître le nom du plaideur chargé de nous ratatiner avec *dignité, probité, humanité, modération, confraternité…* ? Lisez auparavant la Loi du 22 ventôse an XII imposée aux avocats

« *De ne rien dire ou publier… de contraire aux lois, aux règlements, aux bonnes mœurs, à la sûreté de l'Etat et à la paix publique, et de ne jamais s'écarter du respect dû aux tribunaux et aux autorités publiques* »

L'an XII du calendrier républicain, correspond aux années 1803 et 1804.

Prêt pour le combat, *il hésitait de trop cogner et de préciser : détournement de pouvoir. Il ne tient pas à perdre sa clientèle en assommant le maire.* (Page 143)

***

Tiens donc ! Cher Maître Louis-Jérôme Paloux.

J'ose espérer que Maître Paloux n'était pas déjà en relation d'affaires avec la ville de Cannes le jour où je lui avais tout déballé. Sans chercher à cacher la moindre chose. Afin de savoir si nos chances de vaincre étaient fondées ou non.

Ce jour-là, après m'avoir bien écouté, il conclut :

« La mairie viole la loi. Elle bafoue le débat contradictoire. C'est grave. **Très grave !** »

Une avalanche de fautes impardonnables !

Pour autant, même si notre affaire est très facile à plaider, il refuse de travailler au pourcentage.

Nous ne sommes pas aux Etats-Unis ! dit-il.

Dommage ! Lui répondis-je. Là-bas ! Lacrouts et les élus de Cannes sont lourdement condamnés.

Docteur Jekill, certain de gagner, ne souhaite pas trop charger la barque - Un Mouillot en tôle, ça ne donne pas une bonne image – Aussi, il ne précisera pas : détournement de pouvoir. L'affaire nécessite une provision de 5000 euros.

Combien a-t-il perçu de David Lisnard ? L'homme qui ne dit mot consent. Il fermait les yeux face aux agissements hors la loi de Cima.

Aujourd'hui, Mister Hyde démontre le contraire. Maître Paloux soutient sans vergogne le verdict abracadabrantesque du TA de Nice.

En tout cas, il nous *assomme* fort. *Vous n'êtes pas le maire !* disait déjà Lacrouts (page 62)

Les avocats, ça osent tout.

C'est même à ça qu'on les reconnaît.

Allons vite sur la page 23 de son mémoire.

Oui ! La page 23 sur les 26 pages et ses 25 cas de jurisprudence. Il a du souffle le bougre.

Ramy avait pondu *C.A.A Douai, 4 oct. 2007, Cne du Touquet-Paris-Plage c/SCI Les Dunes d'Opale, req. n° 02DA00656.*

Le maire écologiste béton du Touquet accorde un permis de construire à Pierres et Vacances sur un terrain situé dans une zone de nature protégée par la loi littoral de 1986. (Page 150)

Avec une palanquée de cas de jurisprudence pour un partage de responsabilités, Paloux nous fait passer pour des Promoteurs tricheurs, avides et pollueurs. Des arguments aussi falacieux et méprisables que ceux utilisés par Ramy. Dans les cinq exemples cités, tous les demandeurs de permis de construire ont fait preuve de rouerie, d'un manque de professionnalisme, de tromperie, plus grave encore, d'un dépôt de permis illégal dès le début avec la complicité des maires. Comme au Touquet.

Pour autant, les promoteurs furent plus chanceux que nous, les *couillons* du respect des règles de l'urbanisme. Ils ont obtenu gain de cause.

Paloux devrait lire la déontologie de l'avocat, délicatesse, modération, courtoisie… Il nous dénigre. Nous sommes des Promoteurs pollueurs de la nature. Deux cas mettent en lumière sa nuisance.

CAA Lyon, 6 juin 2000, SNC *Empain-Graham*, n° 95LY0166

Nous n'aurions jamais eu la perversité de déposer un permis de construire sur un site remarquable. Bien précisé dans la loi littoral du 31 janvier 1986 antérieure à la réalisation du projet.

Si la commune du Rayol-Canadel et l'État sont déclarés solidairement responsables dans la proportion des 2/3 du préjudice subi par la SNC Empain-Graham suite à la création illégale de la ZAC de la Teissonnière, dans ce cas, la Ville de Cannes doit être déclarée entièrement responsable.

Nous n'avons pas déposé un permis de construire susceptible d'être litigieux. Notre terrain se trouve sur une zone à densifier, bien définie par la DTA.

CAA Nantes, 10 novembre 2009, n° 08NT01567.

La commune de Peninstin accorde en avril 2000 un permis de construire illicite à la SCI Les Hauts de Vilaine.

La commune, le Préfet énarque, le Promoteur, méconnaissent-ils les dispositions de l'article L.146-4 de l'urbanisme ? En dehors des espaces urbanisés, les constructions sur la bande littorale de cent mètres sont interdites.

Pour autant, la commune de Péninstin fut condamnée aux deux tiers (570 847 euros) et l'État au tiers restant. (285 424 euros).

Paloux veut-il englober le sous-Préfet dans la faute commise par la ville de Cannes? *Refuser de délivrer un permis de construire non situé dans une zone sensible sans argument cohérent, c'est interdit.*

C'est ça le boulot d'un avocat ! Nous rabaisser au niveau du Promoteur bidouilleur.

La Cour ne retient pas le préjudice moral (391 123 euros), à juste raison. Le Promoteur ne respectait pas les règles de l'Urbanisme.

Ce n'est pas notre cas. Maître Veyrac (page 114) et la greffière du TA de Nice m'exhortaient de ne pas commettre l'irréparable.

Nous avons subi dès le début un harcèlement en règle, totalement injustifié. La Ville de Cannes n'a jamais opposé le moindre argument plausible.

Le cas Époux Ody utilisé dans leur mémoire en défense en 2010 était en leur défaveur. La mairie récidive avec des cas de jurisprudence qui sont, en fait, à leur désavantage.

Oui! Nous sommes dans notre bon droit de réclamer pour préjudice moral, et de refuser un partage de responsabilité.sur les autres montants.

Revenons aux premières pages de son mémoire.

Un revirement stratégique de la part de notre girouette avocatique. Il réduit la faute lourde de la Ville de Cannes qu'il m'avait si bien démontrée à une faute bénine avec un toupet incroyable.

La commune n'a pas respecté la procédure contradictoire.

Notre permis était irréprochable.

« Le service de l'urbanisme était favorable à la délivrance de votre permis. C'est la hiérarchie ou les élus qui n'ont pas souhaité vous l'attribuer. »

Votre bien dévoué, Maître Lacrouts.

Votre bien maladroit d'après Maître Veyrac.

Lacrouts démontre le contraire de vos écrits. Raconte-t-il des bobards ? Attaquez-le pour non respect de la Loi du 22 ventôse an XII. Il en va de votre honneur d'avocat. *« De ne rien publier… de contraire aux bonnes mœurs et de ne* **jamais s'écarter du respect dû aux tribunaux»**

« Lors du débat du 19 février 2010 Cima nous confirma que notre permis respectait le PLU. »

Ce fut souligné dans nos observations. Cima, Lisnard et Brochand ne nous ont jamais contredits.

Faut-il interdire le contradictoire pour faire plaisir à vos clients ? Réfléchissez bien avant de répondre !

D'ici que la fonction essentielle d'un avocat soit également rayée des métiers de première nécessité.

Dès lors où la faute grave de la mairie a été prouvée et admise par le TA de Nice en juin 2011, notre demande d'indemnisations a bien un caractère personnel car il y a un lien de causalité direct entre l'illégalité commise et notre préjudice allégué.

Sauf pour Paloux !

On gratte un peu les autres cas de jurisprudence? Ils sont similaires à la mise en bouche des cinq premiers. Soient en leur défaveur, soient ils n'ont rien à voir avec notre problème.

La mauvaise fois évidente avec plus de férocité.

Bon sang ! Il renouvelle **le cas** *SCI Sanaryville c/Cne de Sanary s/mer, n°98MA01754*. (Page 148)

Le donneur de leçon affirme gratuitement notre mauvais comportement. Nous n'avons réglé aucune facture. J'avais eu un gros point de désaccord avec notre avocate. Elle refusa d'écrire: *Nous attaquons Paloux pour diffamation et réclamons 10 millions d'euros de dommages-intérêts.*

Pourtant les relevés de compte sur les pièces jointes, hyper détaillés la seconde fois, puis en raison de son obstination, la lettre de l'architecte attestant qu'il avait bien été payé, la troisième fois, tellement il niait l'évidence, l'infirment.

Depuis 2000, date de la création de notre SARL puis, lors de la constitution de notre SCI, nous n'avons eu qu'une seule banque. La vérification de nos virements ou de nos chèques à nos fournisseurs est grandement facilitée.

Il comprend difficilement le fonctionnement de la commercialisation dans la Promotion.

L'agence, la SARL Yves Hajos/ Denise Félix, est titulaire de la carte professionnelle. Elle propose les lots de notre Promotion en exclusivité. Si le permis nous est refusé sans raison valable, nous sommes penalisés directement.

La SCI de construction-vente Denise Félix/Yves Hajos s'occupe de la promotion, dont la gestion. Elle n'est pas habilitée pour commercialiser.

Lui et le juge ont-ils besoin d'un exemple béton ?

À Nice, au quartier en devenir Saint-Isidore, Cogedim, celui qui ne *vend que des m² de qualité*, construit un programme, Esprit Village. La SNC Cogedim Méditerrannéc, immatriculée au Registre du Commerce et des Sociétés de Nice sous le n° 312 347 784 pour le programme Esprit Village à NICE, n'a pas le droit de commercialiser. Alors, Cogedim Vente, 8 avenue Delcassé 75008 Paris, titulaire de la carte professionnelle T 8998 vend le programme Esprit Village.

Notre Agence, qui avait vendu un 2 pièces du programme Esprit Village à un investisseur ayant pris un maximum de crédit, avait été commissionnée par la SNC Cogedim Méditerrannée.

L'appelante ne donne nullement la peine d'expliquer le calcul par lequel elle parvient à la somme de 40 664, 09 euros.

Le gag !

Il donne lui-même la réponse dans la page 21 de son mémoire. Il détaille, année après année, le déficit cumulé par notre SCI. Il culmine à 44 000 euros.

Si nous n'avions pas payé la taxe foncière pour un terrain non bâti pendant près de 10 ans, le fisc nous aurait-il fait un cadeau ?

Pareil pour l'huissier. Il me menaçait de poursuite. Je refusais de payer un travail bâclé. (Page 60) Ma femme craignant la partialité des juges honora sa facture maudite.

Les déficits réguliers des bilans comptables de notre SCI sont la conséquence directe de l'erreur de droit de la mairie de Cannes depuis 2006, puis de l'illégalité commise par cette même mairie.

Cela prouve notre capacité financière et le fait que les sociétés ont travailé en confiance avec nous.

Nos bilans comptables reflètent une activité quasi-inexistante.

Notre SCI fut montée pour une seule opération.

Mandela, en prison, manifestait-il dans les rues ?

Satanée page 21 !

Une SCI au capital de 800 euros prouve bien que nous n'avons aucune capacité financière pour mener à bien notre projet à son terme.

Vite ! Un autre exemple.

À Nice, au quartier de la Lanterne, un autre endroit prisé, Rivaprim, une SCI au capital de **1.600 euros**, vante les avantages de CARRE RUBIS. Avec piscine chauffée.

Il pré-commercialise avant l'obtention du Permis de Construire afin d'atteindre le seuil de 30% de la vente du programme, la norme dans la Promotion. Ainsi, la banque injectera plus de 7.000.000 d'euros Un montant qui inclut l'acquisition du terrain, la construction, la gestion et la commercialisation.

Le capital de 800 € de notre SCI n'est donc pas un frein à sa capacité de réalisation de son projet. Ceux sont les appels de fonds des ventes en VEFA qui financent les coûts de construction et le remboursement du prêt bancaire.

Oh! Que nous sommes imprudents et manquons de professionnalisme.

En effet, alors que le nouveau permis de construire, deposé le 17 juillet 2009, était toujours en instruction, nous n'hésitons pas à faire signer des contrats en VEFA, sans se préoccuper des éventuels refus de permis ou de recours contentieux.

Proposons-lui deux exemples!

Cogedim commercialise avec succès le programme Urban Garden, situé au 163 avenue de la Capelette 13010 Marseille.

Dans le contrat de réservation signé le 17 septembre 2010, il est precisé que le PC déposé le 27 décembre 2009 est en fin d'instruction.

Dans un courrier daté du 7 février 2011, le *client* apprend qu'un recours gracieux a été déposé à la mairie de Marseille. Hélas, il est suivi d'un recours contentieux le 18 mai 2011.

En conséquence, Cogedim ne peut pas procéder aux notifications des actes de vente chez le Notaire, tant que le permis n'est pas purgé.

Nous! Nous ne fûmes pas imprudents.

Lors de notre premier depôt de permis, nous avions fait preuve de responsabilité face à un éventuel aléas. D'ailleurs, il fut attaqué et annulé en raison d'une erreur de Droit de la mairie de Cannes uniquement.

Quant à notre second permis! Si parfait que les voisins suppliaient Cima de préempter le terrain ou **de nous faire *chier.***

Dans ce cas précis, avec la nouvelle loi contre les recours abusifs, la pré-commercialisation ne pouvait plus craindre un refux jusfifié qui permet le recours contentieux.

Vous êtes censé la connaître, à l'instar de votre client, David Lisnard.

Faire plaisir aux riverains électeurs et les bow-windows, c'est laid.

Ça! Un refux jusfifié qui permet le recours contentieux? Le rôle d'un avocat est de conseils aussi. (Page 140)

Kaufman Broad, le Promoteur qui *regarde vivre ses clients pour mieux comprendre leurs besoins et leurs attentes,* commercialise dès juin 2016, c'est à dire avant l'obtention du permis, son programme Villa Alexandra situé à Nice, face à la Cathédrale Russe. Un quartier très apprécié par les actifs et les familles.

L'ultime avis favorable du service de l'Urbanisme de Nice est daté du 5 septembre 2016.

Dans la foulée, le maire de Nice délivre le permis le 7 septembre 2016 à Kaufman Broad.

Quel différence avec la Ville de Cannes!

Elle a fait fi des avis favorables des services concernés. Elle a violé la loi. Elle refusa injustement de nous remettre le permis de construire trois mois plus tard. Hors délai de surcroît. Bande d'ignares!

Cependant, à la différence de notre réalisation, celle de Kaufman Broad pourrait être contestée.

Ce point litigieux ne lui permettrait pas d'exiger le versement d'une indemnisation. Car ce n'est pas un abus caractérisé de la part des riverains.

La Villa Alexandra, située dans une zone urbaine dense, prévoit 27 logements. Ses plans ne précisent que 24 parkings. Rageant! Il en manquerait donc 3.

Plusieurs lots peuvent aisément être comptabilisés en un parking et non en deux. Un emplacement de 10m de long, scindé en 2 stationnements, permet-il une cohabitation sereine? Que dire du parking 20b? 2 mètres de large par 4, 44 mètre de longueur. Pour une Twingo! Rétorque la vendeuse sympa.

Le rapporteur public est parfois tatillon.

Désolé! 19 parkings pour 27 logements.

Stop ou encore? Paloux! Remettez vos lunettes.

Dans la rue de Roquebilière, Riviera Promotion commercialise Le Valentin. Un programme de 18 logements pour 13 parkings, proche du marché.

Si la mairie de Cannes avait suivi la même logique que pour nous, **27 parkings étaient nécessaires**.

Il n'y a aucun problème pour creuser à moins de trois mètres de profondeur. Par contre; pour deux sous-sols supplémentaires le coût des travaux est exorbitant, en raison de la nappe phréatique. D'autres surprises sont possibles. L'affaissement du bâtiment voisin par exemple.

Ils sont donc incompatibles au prix de vente en rapport avec le quartier. Un prix de vente de 4.600 euros le m² qui correspond à notre projet refusé.

Ceci confirme la pertinence et le sérieux de notre bilan prévisionnel. Il ne peut être contesté. D'autant plus que nous, **nous avions fait une étude du sol avant l'obtention du permis.**

Deux poids, deux mesures.

Ce n'est pas notre intention d'accabler la société Kaufman Broad, Cogedim, Rivaprim, Riviera Promotion et d'autres. Nous ne contestons pas leurs permis de construire. Le droit de demander des dérogations à Cannes et ailleurs est légitime.

Mais d'attirer l'attention de la Cour d'appel de Marseille que, contrairement au programme Villa

Alexandra ou à celui du Valentin, où un recours contentieux était possible, aucun recours contentieux éventuel, réellement crédible, ne pouvait se justifier dans notre cas.

Une fois de plus, l'ignorance de Paloux en matière de vente en VEFA est incroyable. Lamentable, son obsession à vouloir nous abaisser, nous rendre coupables et nous mépriser.

Il est bien précisé dans nos quatre contrats de réservation que nous envisageons une VEFA en fournissant une garantie extrinsèque. Une garantie qui sécurise l'acheteur contrairement à la garantie intrinsèque. Être une société civile de construction-vente ne nous dispense pas d'agir avec responsabilité et de permettre au client d'acheter en toute confiance. Nous avions juste suivi les instructions de Monsieur Benni de la Banca Regionale Europa.

Monsieur Benni, après s'être rendu sur le terrain, prit des renseignements sur notre Agence. Aucun incident à signaler. Nous ne cherchons même pas à avoir un découvert autorisé. Il s'intéresse à notre passé professionnel. Vous connaissez le mien. Ma femme, Docteur en accoustique, fut Ingénieur dans la recherche chez Onera. Aujourd'hui, à cause de Cima, elle est prof de maths. Même si c'est un beau métier. À risques en 2021.

Aussi, Monsieur Benni était prêt à financer notre construction à hauteur de 50% des réservations. Surtout que nous étions déjà titré sur un terrain non frappé d'alignement et entièrement payé.

Contrairement à Rivaprim, Cogedim, ou d'autres promoteurs, il ne finançait ni la gestion de la SCI ni la commercialisation de notre première réalisation. Nous avons la capacité financière d'attendre.

Naturellement, une fois purgé de tout recours.

Comme Cogedim et les autres!

Décidément, un avocat, ça ose vraiment tout!

Plus c'est gros, plus ça passe.

Si Lisnard le généreux d'après l'ancien juge Ramy avait écouté Madame Agostini, la Directrice de l'Urbanisme, et les recommandations de Céchetti, plutôt que Cima, *un produit du système Mouillot*, et les aberrations de Lavaud, nous n'écririons pas que le caractère certain et direct est dû à la faute lourde commise de la Ville de Cannes qui nous avait avilis.

Une faute d'autant plus inexcusable eu égard à la qualité de la Ville de Cannes. La Ville de Cannes, la seule fautive, doit assumer son entière responsabilité.

Aucun des cas de jurisprudence donnés en exemple, ne correspond à notre prétendu *viol de la loi* que nous aurions commis d'après la Ville de Cannes.

Une construction dans une zone sensible; dans un espace littoral protégé; un achat de terrain pendant un sursis à statuer; une absence de factures pour se faire rembourser les frais; un certificat d'urbanisme négatif; une société déjà très en difficultés financiers.

Elle se retrouva en liquidation judiciaire à cause d'un permis modificatif qui a retardé la délivrance du permis de quelques mois…. Ce qui était loin d'être notre cas.

Absence de plan d'architecte…

Aucun de tous ces cas ne s'applique pour nous.

Par contre, le concours bancaire obtenu pour la réalisation du programme Esprit Village, à Nice, englobe bien la commercialisation et la gestion.

La mairie de Cannes, coupable de rupture d'égalité et de discrimination, met-elle la presssion sur la Cour d'appel de Marseille pour lui signifier que avons des droits inférieurs à d'autres Promoteurs ? Nous qui vendions leurs progarmmes à des investisseurs. Des médecins, des pilotes ou même un Procureur. Ils prenaient un maximum de crédit, voire jusqu'à 100%. Afin de mieux optimiser leur investissement.

N'ayant pas le souffle inépuisable du plaideur, normal, avec tous les coups tordus subis, voici les deux derniers exemples. J'avais décortiqué les 25 cas de jurisprudence, afin de soulager notre avocate.

Il efface 190 406 euros de la somme globale réclamée. Un montant qui concerne la gestion et la commercialisation de la SCI.

Il fait l'amalgame entre la gestion locative de biens en tant qu'agence immobilière et la somme de 96.688

euros au poste "gestion" relatif au projet de notre SCI de Promotion.

Quant aux honoraires de vente, 6% seulement.

Alors qu' ils sont habituellement à 20%. ou plus.

En général, le foncier représente 18 à 20% du montant de l'opération. Au-delà, le risque devient important. Surtout si l'étude du sol est faite après le bilan présenté à la banque. Attention aux surprises.

Notre foncier représentait moins de 7%. Notre prix de vente était identique à celui du programmme Le Valentin. Nous n'avions pas de parkings à payer à la ville. Le PLU était respecté. Notre projet était trop bien né… *Et Alors ?*

Eh, eh. Cima est arrivé. Le fourbe Cima, le lâche Cima. Avec Lavaud et son sabre R111-21.

En agissant en Promoteur social, il se répercute sur le prix de vente. Il permet à un maximum d'actifs de profiter *d'un art de vivre.*

C'est bien la preuve que notre agence a un lien direct avec notre SCI de construction-vente et que le caractère personnel du préjudice est bien acquis.

***

Monsieur l'avocat le dégommeur des innocents. Vous obtenez plus de 16 à chaque épreuve. Sans avoir triché le jour de l'examen. Certains, d'après votre eminent confrère Will Pirs, auraient fauté.

Pourtant, vous êtes interdit d'exercer votre noble métier. Quand il est exercé en hommes d'honneur. À l'instar de Will Pirs, défenseur des Gilets Jaunes.

Vous êtes indigné et irrité.

Maître Veyrac et votre tante, greffière au TA de Nice, craignant toutes les deux votre réaction, vous exhortent de ne pas commettre l'irréparable.

Loulou! Pose le fusil de chasse de papy. Range le couteau.

En effet, après un an d'angoise, sans prendre la moindre précaution, le Bâtonnier vous balance le véritable motif en vous toisant.

Vous mesurez seulement 1,63m.

C'est PETIT! Répliquez-vous en bondissant comme un marsupilami en colère. Vous avez bêtement repris la réponse cinglante du maire de Nice, Christian Estrosi, face à un de ses opposants.

Vous n'aviez qu'à mettre des talonnettes! Vous répond crânement Maître Cécile Antelmi, la plume assassine de l'Ordre des Avocats de Nice. Elle fut aussi inspirée que Phillippe Lavaud avec ses bow-windows.

Six ans plus tard, le jury admet une faute bénine.

Comment!

Vous avez le culot de réclamer JUSTICE?

31

Le jugement du 7 janvier 2021.

Le Président de la Cour Administrative d'Appel de Marseille n'est pas fan du commissaire Maigret, de Colombo ou du détective choc Nestor Burma. L'homme impatient rompt le suspense. La pauvre victime et le méchant sont désignés dès la première page. Pierre Valet, le Bob Woodward de Nice-Matin, encore en exercice, récidiverait.

Retournement stratégique spectaculaire à la Cour d'Appel de Marseille !

Alain Poujade concurrence Cima.

L'audacieux dépénalise le viol de la loi commis par la mairie et ridiculise la Directrice de l'Urbanisme de Cannes.

La commune n'a eu aucune hostilité à notre égard. La commune n'a commis aucune faute.

À Paris, l'affaire Sarah Halimi. À Cannes, la honte de l'affaire des bow-windows.

Dans les années 50, le libraire Pierre Poujade s'opposait à la dictature du Trésor Public.

Le juge Alain Poujade, sans une once de remord, s'oppose aux gens respectueux des règles de l'urbanisme. Il confirme le saccage programmé de notre liberté d'entreprendre. Il a choisi son camp. D'autres, à une époque tragique, aussi.

L'attitude adoptée par Cima, avec l'approbation de Lisnard, est digne et exemplaire. (Page 117)

La dernière pièce transmise par notre avocate, *le maire de Nîmes condamné à la prison, la réponse vacillante de Paloux pour atténuer la faute lourde de la ville de Cannes qui est également un veritable détournement de pouvoir,* n'a eu aucun effet sur cet homme passionné d'histoire.

Les élus de la ville de Cannes ont violé les règles de l'Urbanisme (page 43), nous ont discriminés, méprisés, harcelés, réduits en sous-citoyens *violeurs* de la loi. Ça ne suscite aucun émoi au juge.

L'escroquerie *criminelle* du maire de Cannes certifiée par l'huissier (page 60); la faute des élus est flagrante! Président du TA de… (Page 69); outrepasser les directives de la DTA; l'aveu officiel de Cima, en présence de la Directrice de l'Urbanisme et confirmé dans nos observations écrites…

TOUT PASSE À LA TRAPPE.

Le jugement du 7 janvier 2021 restera une tâche de honte dans les annales de la Justice.

Parmi les 25 cas de jurisprudence suggérés par le marathonien du barreau de Nice, il en a survolé un.

S'applique-t-il pour nous ?

CAA Nancy, 16 octobre 2003, n° 99NC00289

Un permis de construire avait été delivré dans **l'illégalité.** Aussi, il fut annulé.

Le permis délivré par Brochand se situait dans un lieu constructible. Il fut annulé à cause d'une erreur de Droit de la mairie de Cannes.

Dans ce même lieu, où la légalité est renforcée par les directives de la DTA, Cima nous le refuse **illégalement.** D'autant plus choquant qu'il accorde le permis à un Promoteur pour un projet situé dans la même rue que le nôtre. (Page 171)

Ils n'ont jamais établi la moindre preuve de leurs préjudices contrairement à nous.

Nous! Nous avions payé les factures. Notre bilan prévisionnel certifié. Mais pour le juge, Pfttt!

Toutefois, la Cour d'appel reconnait que M. et Mme X ont subi des troubles dans leurs conditions, estimés à 7600 euros.

Un cas de jurisprudence que nous avions démontré point par point, comme tous les autres.

La dernière page est un super foutage de gueule.

Si la commune n'a eu aucune hostilité à notre égard et n'a commis aucune faute, pourquoi nous refile-t-on **5000 euros ?** Que le juge suive sa logique. Qu'il nous condamne à verser 10 millions à Cima. Il craignait tant pour sa vie qu'il fut obligé de se planquer sous son bureau. Sous la haute protection de sa secrétaire, prête à se sacrifier pour lui.

Nos troubles sont si minimes par rapport à ceux de Cima, des élus et de Lavaud. Ce dernier hurlerait tous les soirs: *les bow-windows, c'est laid !*

À Cannes, le maire favorise la liberté sélective d'entreprendre et de prospérer. **Pas pour nous!**

Durant le soutien à Sarah Halimi à Nice le 25 avril 2021, en présence de Christian Estrosi et d'Eric Ciotti, *les deux bons amis*, avant *qu'ils ne s'égratignent*, Cima m'avait évité. Il ne prit pas la parole. Dommage. Comme les 20000 manifestants de Paris qui huaient Hidalgo et Castaner, je l'aurai conspué.

Allons-nous au Conseil d'État ou non ?

Notre avocate nous en recommande un. Il a besoin d'une grosse provision pour démarrer. Peut-il nous garantir le résultat ? Oh ! Que je persiste à être niais. Il n'a aucune obligation de résultats.

Faisons-lui juste confiance.

Un ami me recommande une de ses relations. Un ténor d'après son entourage. Je tombe sur son fils.

Tout dépend du bon vouloir du juge ! avoue-t-il.

Zut ! Ma femme au volant de ma voiture connectée lui a permis d'entendre son lapsus.

Oui ! Car entre-temps, en raison du stress, j'étais devenu aveugle. Le cœur reste solide. L'IRM cérébral de la clinique Saint-Jean de Cagnes-sur-Mer n'a rien décelé de suspect.

La clinique Saint-Jean construite par l'entreprise Ribeiro. L'entreprise qui me fit un devis hyper détaillé pour notre projet. Très précis grâce à notre étude géologique du sol.

Un devis contesté avec vigueur par des juristes vicieux avec un cas de jurisprudence béton. Le Promoteur avait exhibé une grande feuille de papier froissé où un chiffre était indiqué.

Après le docteur Carbonel, l'ophtalmologue de Nice, le radiologue qui, ne comprenant pas la cause de mon passage de l'état de lumière à l'obscurité la plus totale pendant un temps infini, écouta mon récit avec beaucoup d'empathie.

À la différence des deux juges.

Ils ont survolé notre dossier. Nous étions condamnés d'avance.

Finalement, nous n'allons pas au Conseil d'État.

La France des Lumières fait-elle encore partie de l'ADN du fronton des mairies pour nous ?

Liberté Égalité Fraternité

Je suis condamné à conclure que la Justice est sur une pente glissante. Que les juges peuvent continuer à être invités par Brochand au Carlton ou au Majestic.

CONCLUSION

En fait, j'aurais été prêt à aller au Conseil d'État comme un citoyen épris de justice et de liberté.

Mais pas avec n'importe qui. Ma confiance envers les avocats est dorénavant limitée. S'il faut croiser cent avocats du style Maître 600, c'est ainsi que les confrères le saluent, avant de tomber sur Maître Karine Pelgrin qui respecte son serment, autant capituler tout de suite ou trouver d'autres moyens.

Parmi la trentaine que j'avais contactée, un seul me donnait l'envie de sortir des catacombes où la mairie de Cannes et les deux jugements nous ont enfouis. Maître Pierres et Vacances (Page 159).

À condition que je puisse le rencontrer, discuter franchement avec lui, puisqu'il nous est interdit de nous défendre nous-mêmes.

Qu'il m'explique avant de lui confier notre affaire, comment son client a-t-il pu obtenir tant d'argent.

Je ne suis pas à un juriste. Mais, je comprends les mots. Interdiction de déposer un permis de construire dans un espace sensible. C'est clair !

Pourtant, l'architecte du Promoteur prestigieux en a suggéré un au maire. Il a foncé. Il l'a validé.

Monsieur Génie, scrupuleux avant de déposer un permis de construire, en aurait-il fait autant ?

« Ça n'est pas par hazard si, dans la rue de Roquebilière - en totalité – il est prévu une hauteur de 15 mètres mais bien par la volonté de requalifier le quartier en y ayant trouvé la zone d'extension nécessaire à la création de logements. »

Je ne crois pas. Génie serait un littéraire d'après Maître 600 mais, avant tout, un architecte qualifié, respectueux des règles de l'urbanisme ; comme nous.

Que l'avocat me démontre, d'abord, lui qui n'a aucune obligation de résultats, sur quelle règle de droit, le juge décidera que nous aussi nous aurons droit à des vacances de rêve. Notre permis ne fut pas établi sur le sable mouvant du Touquet, mais sur de la pierre qui résiste au temps depuis des millénaires.

Pourtant, nous avons perdu deux fois.

Alors que lui, il obtint gain de cause. Il doit être un des ténors de la profession. Ses honoraires sont sûrement abyssaux.

Ou bien, tout dépendrait-il du bon vouloir du juge ? Comme nous l'a suggéré Maître Mal Entendant.

Hélas ! Le covid est le prétexte pour réduire nos déplacements et notre espace de liberté.

La Cour d'appel de Marseille en fin décembre 2020 était interdite pour nous en raison de la crise sanitaire. Ajoutée à la réticence de mon épouse, que je comprends parfaitement, je capitule.

Je n'ai pas vu son angoisse. Cependant, je l'ai bien ressenti quand je suis devenu aveugle. À cause de trois élus félons bien soudés. Ils ont violé la loi afin de nous priver de la liberté d'entreprendre et de supprimer notre prospérité.

Aujourd'hui encore, même si j'ai retrouvé la vue, elle est affaiblie.

Aussi, si ce n'est plus pour nous, j'ai le devoir de mémoire de transmettre. Comment une caste qui se sent au-dessus des lois ait pu commettre un acte gratuit pour nous éclater.

Toute personne qui souhaite entreprendre un projet dans le respect des règles bien définies, ne doit plus être contrariée par des élus indignes qui violent lâchement les lois sans être inquiétés. Avec le soutien indirect ou complice d'avocats qui bafouent leur serment. Eux! Avec un renfort de poids. L'Ordre des Avocats.

Dans notre cas, la Justice rendit une décision sidérante. Car dans ces deux décisions cruellement injustes, j'ai le profond sentiment que la Justice a perdu son honneur.

Modifions d'urgence le sinistre article R111-21.

Revoyons le règlement des avocats.

Une personne ayant moins la tête sur les épaules pourrait commettre l'irréparable. (Maître Veyrac, et la greffière du TA de Nice)

Ai-je la haine vis-à-vis d'eux ? Non.

Puis-je leurs serrer la main ? Jamais.

J'aurai dû écouter ma mère. Mon fils ! Méfies-toi du blond aux yeux bleus avec une tête d'ange.

Ma mère faisait des cauchemars avec son blond aux yeux bleus avec une tête d'ange depuis 1944.

Moi ! Mes cauchemars ont débuté le jour où, en fin décembre 2009, un appel anonyme, avec une voix nasillarde et déformée, nous alerta.

Je suis dégoûté par ce que je viens d'apprendre. La mairie recourt à l'article R111-21.

Une société prospère, plus libre et plus soudée.
Le slogan de David Lisnard. Je n'y crois pas.

Une société qui ne connaît pas les sous-citoyens.
Un parti qui prône l'équité.
Une société qui ne méprise pas les Français.
Les slogans de Gilles Cima. Merci ! J'ai donné.

Remplaçons-les Juges par un logiciel performant. DTA, hauteur de la construction, règles du PLU… La conclusion sera différente.

Préjudice moral ? 10 millions d'euros à verser.

De quoi produire un film.

FIN

À Cannes, dès mai 2009, des élus qui se prétendent être des Républicains avaient déjà différencié les essentiels des autres. Ils sont si peu de première nécessité que la Justice les ignore.

Afin que la jeunesse ne subisse pas un pouvoir sanitaire et la domination des juges qui outrepassent les principes de la démocratie, nous devons les aider pour qu'elle réagisse d'une façon pacifique avant qu'il ne soit trop tard.

N'oublions pas les luttes de nos prédécesseurs pour un monde plus ouvert, plus juste, ou le fait de circuler, de travailler, de penser, d'échanger ou de confronter nos idées étaient une chose si banale. Attablés à la terrasse d'un café ou au bord de la plage, nous rêvions d'un monde meilleur

Aujourd'hui, condamnés chez soi, nous écoutons les médias formatés nous dicter *La Meilleure Façon de marcher*.

Comment avons-nous accepté et subi une telle soumission en si peu de temps.

Réagissons !

14 mai 2021, date de mise en imprssion du livre, la mairie, très *soudée*, ne nous a pas encore payés. *La liberté de prospérer* nous est toujours interdite.

Faut faire un procès ! hurlent les avocats.

FSC
www.fsc.org
MIXTE
Papier issu
de sources
responsables
Paper from
responsible sources
FSC® C105338